济南

杨峰·主编

钟倩·著

遥望齐州九点烟

千佛山

山东城市出版传媒集团·济南出版社

序

XU

讲好济南故事是我们的使命

看到济南出版社重磅推出的"济南故事"系列丛书，无论是作为济南城市的建设者，还是作为在这座历史文化名城工作与生活了数十载的济南市民，我都深感高兴与自豪。

伴随着这座历史文化名城发展变迁的足音，感受着这座时代新城前行律动的脉搏，我们会感到脚下的大地熟悉而又陌生。当时光列车驶入21世纪第三个10年的历史关口，济南的明天将会怎样，想必是每一位济南人都迫切需要了解的。要知道济南向何处去，首先要回答济南从哪里来。只有了解济南的昨天，才能知道济南的明天。了解济南故事，讲好济南故事，让更多的济南人热爱济南，让更多的外地人了解济南，使之成为建设美丽济南的磅礴动力，是我们义不容辞的使命。那么，了解济南故事，从阅读这套丛书开始，应该是个不错的选择。

济南是一座传统与现代相互融合的城市。一方面，济南地理位置得天独厚，南依泰山，北临黄河，扼南北要道，北上可达京师，南下可抵江南。济南融山、泉、湖、河、城于一体，风景绮丽，秀甲一方。她群山逶迤，众泉喷涌，城中垂杨依依，荷影点点，既有北方山川之雄奇壮阔，又有江南山水之清灵潇洒，兼具南北风物之长。作为齐鲁文化中心，她历史悠久，文脉极盛，建城两千多年以来，文人墨客、名士先贤驻足于此，歌咏于此，留下无数美好的诗篇。近代开埠以来，引商贾、办工厂、兴教育，得风气之先，领一时风骚。这些都是济南的老故事。

另一方面，作为山东省政治中心、经济中心、文化中心，当前的济南正面临新旧动能转换起步区、中国（山东）自由贸易试验区济南片区、黄河流域生态保护和高质量发展三大国家战略叠加的重大机遇，正对标习近平总书记

"走在前列、全面开创"的目标要求，阔步从"大明湖时代"迈向"黄河时代"。今日之济南，围绕"打造四个中心"，建设"大强美富通"现代化省会城市，努力争创国家中心城市，统筹谋篇布局经济社会发展，大力发展大数据与新一代信息技术、智能制造与高端装备、量子科技、生物制药、医疗康养等十大千亿级产业集群，加快产业转型升级，一大批重大工程、重大项目落地投产，城市发展充满了无限生机。同时大力推进城市建设管理更新，中央商务区勃然起势，"高快一体"快速路网飞速建成，城市容颜焕新蝶变，城市品质赋能升级，城市文明崇德向善，生活在这座城市里的人们，有着以往从未有过的获得感、幸福感和安全感。现在的济南又趁势而上，加快实施公共卫生应急管理、营商环境优化、双招双引、项目建设、科技创新、城市品质提升、扩大对外开放等十二项重点攻坚行动，踏上了更为壮阔的高质量发展新征程。这是济南故事的新篇章。

作为时代变化的参与者、见证者，同时也应是优秀传统文化的守望者和美好故事的讲述者，我们有责任深入讲好济南故事，告诉世人济南的前世与今生。但也许是尊奉礼仪之邦"讷于言而敏于行"的古训吧，这些年我们做了很多，讲得却还不够。济南出版社策划出版"济南故事"系列丛书，可谓正当其时。它从多层面多角度挖掘、整理和诠释济南风景名胜、人文历史，向世人娓娓道来，并以图书的形式呈现出来，是一件有着深远意义的事情。我希望这套丛书能成为一把钥匙，为读者打开一扇门，拨开历史的风尘，带领读者穿越时光，纵览波澜壮阔的历史长卷，与往圣先贤来一场跨越时空的对话。

翻开它，我们走进历史；合上它，我们可见未来。

中共济南市委常委、市委宣传部部长

目录
MULU

千佛山：遥望齐州九点烟

第一章

JINAN 济南故事

舜耕历山：那一抹蜿蜒的苍绿

　　一个人没有欣赏过济南的泉水，等于没来过济南；一个人到访济南却没有游览过千佛山，等于没有走进这座城市的文化肌理。一座山与一座历史文化名城深情守望！

　　清代学者翁方纲在《千佛山》一诗中写道："山对济南城，人言帝舜耕。

"舜耕历山"雕塑

登临记秋晚，几案与云平。曾巩文传久，开皇像凿成。历亭遥望处，寤寐倚栏情。"历史上，千佛山曾是大舜躬耕之地，似乎，经过自然这双神奇大手轻轻点化，瞬间化沧海为良田。舜在此负轭劳作，完成脱胎换骨。千百年来，千佛山又得天地之精华，孕山水之灵魂，沐晨钟暮鼓，氤泉水清音，佑一城百姓，它犹如一架巨大锦屏，使得整座城市生机盎然，吐气如兰。因此，这座山不仅涵纳过往，也容纳未来，更加不同凡响。

众所周知，全国各地有多处千佛山，如四川绵阳千佛山、浙江丽水遂昌千佛山、辽宁阜村千佛山等，相比之下，济南千佛山似乎更加古老，更有韵味。千佛山位于城市中心区域，市民随时可以走进一座山——具有历史文化底蕴、凸显自然生态景观、富有宗教文化情怀、体现城市审美艺术的山。古往今来，济南千佛山引得无数文人志士争相登临，留下熠熠发光的诗词文赋。

清代嘉庆年间，礼部尚书黄钺来过，"谒舜祠塑像，衮冕执圭，如三十许人。左右妃，盲娅蓥，珠冠，蟒服……"通过他的描述可见当年千佛山舜祠规模之大。

曾巩也来过。宋神宗熙宁四年（1071）六月初，曾巩出任齐州知州，履任后的第一件大事就是来千佛山上祭拜大舜，"巩受命出守，敢陈薄荐。维帝常垂阴施，惠此困穷，庶使遗民，永有依赖"。他一定不止来过一次，在齐州任职期间他创作的《舜泉》一诗中，不吝赞颂。拨开历史的帷幔，且听他的吟哦："山麓旧耕迷故垄，井干余汲见飞泉。清涵广陌能成雨，冷浸平湖别有天。南狩一时成往事，重华千古似当年。更应此水无休歇，余泽人间世世传。"

清乾隆皇帝来过，他有感而发，倾情题写《千佛山极目》，"分干自岱宗，冈峦雄且秀。历城作南屏，洪荒判早就"。

到了民国时期，文学家艾芜先生也游过千佛山，他带来不同的视角："越过庙宇，攀上岩石嶙峋的峰头，然后掉回头来，陡然望见盆一样的大明湖，躺在万家烟火的济南城里，带似的黄河，绕在苍茫无际的天野……"

此外，北齐魏收，元代张养浩、于钦，明代边贡，清代翁方纲、丁宝桢、王士禛、刘鹗，还有老舍、赵朴初等知名人士都来过。

千佛山，古称"历山"，又称舜山、舜耕山，为泰山余脉，海拔285米，与趵突泉、大明湖并称为"济南三大名胜"。说起千佛山名字的来历，历史上比较可靠的说法有两种。其一，千佛山的名字始于隋朝，与"为母报恩"的隋代开国皇帝杨坚不无关联，他大兴佛事，造像供养，隋代开皇年间在此山的悬崖峭壁上凿刻了众多佛像，故而被称为"千佛山"。如《济南市山水古迹纪略》记载，"隋开皇年间，因岩石镌佛像，建寺曰千佛寺，始名为千佛山"。其二，千佛山是由"迁祓山"而来的，迁同"千"，祓同"佛"，因而命名为"千佛山"。

有山的地方就有传说，历山也有故事。传说很久很久以前，历山山顶上有一把巨大铁锁，铁链粗如人臂，它围着历山牢牢缠了两周。据说，历山原本是一座海上的仙山，山上居住的仙人生性好动，经常驮着这座山东游西逛，好不安生，惹得海神大为不悦，便私下命人用一把铁锁锁住。让人没有想到的是，一天铁锁被挣断，于是那座山便飞落到历山，但是，那把铁锁依然系于山峰之上。据说在唐代时，铁锁依然存留在历山山顶，段成式在《酉阳杂俎·诺皋记上》中记载："齐郡接历山，上有古铁锁，大如人臂，绕其峰再浃。相传本海中山，山神好移，故海神锁之。挽锁断，飞来于此矣。"虽说这只是神话，但是，山与海的关系与现实相近。如《续修历城县志》所记载："元于钦之言曰：'济南山水甲齐鲁，泉甲天下。'名胜之传，所从来远矣，历城县之山，无不分脉于泰山。"不难看出，历山的形成与海有着直接关系。

对济南人来说，说历山言必称大舜，"舜耕历山"的典故就像一粒绿色的种子，轻轻播撒心灵，伴随我的成长，葳蕤成一片精神版图——那是无处不在的舜迹，更是启迪心性的智慧。

《史记》中记载："舜耕历山，渔雷泽，陶河滨，作什器于寿丘，就时于负夏。"孔子云:"祖述尧舜。"孟子言必称尧舜,足见大舜的道德高度。大舜的故事,小时候我听父亲讲过很多遍,传说他生于姚墟,家境贫寒,身世坎坷,四五岁时父亲瞽瞍成了盲人,不久母亲孟嬴早逝。瞽瞍又娶季好为妻,生子象。继母心胸狭窄,热衷挑拨是非,在瞽瞍耳边常说舜的坏话,使得瞽瞍也厌恶儿子舜。虽继母和弟弟想方设法地加害于他,但庆幸的是,在娥皇和女英的及时相助下,舜每次都逃脱险境。舜以德报怨,依然对父母和弟弟很好,孝悌行天下。他在历山耕种的时候,就连大象和鸟儿都前来默默助力。尧的两个女儿娥皇与女英被深深感动,同嫁舜为妻。"大舜这么懂事,继母为什么这样坏?"我天真地问道。"等你长大了就明白了。"父亲回答。

长大后,我知道大舜是原始部落的首领,后来成为尧帝的接班人。他躬耕的历山,就是我现在经常路过的地方——千佛山。原来,济南最早的雅号叫"舜城"。此后,我开始留意遍布城市里的"舜迹":千佛山的舜祠、趵突泉的娥英祠、大明湖的闻韶驿、舜井街上的舜泉,还有舜耕路、历山路……在我的脑海里,舜迹恍若一片蜿蜒的苍绿,延伸在我们的脚下,蔓延到整个齐鲁大地。

大舜之地,必有大美之士、大雅之人。大美之士是孔子弟子闵子骞的"鞭打芦花",感天动地,传承后代;大美之士是"愿受长缨"的少年壮士终军,精忠报国,勇于担当;大美之士是立下汗马功劳的山东好汉秦琼,守寝护门,忠勇双全。大雅之人,是诗坛双雄李白与杜甫,一句"含笑凌倒景,欣然愿相从",流露对异地他乡的挚爱,一句"海右此亭古,济南名士多",托起天下泉城的诗眼;大雅之人,是词坛双璧的"二安"居士,"争渡,争渡,惊起一滩鸥鹭",情丝切切,道不尽的婉约,"醉里挑灯看剑,梦回吹角连营",胸怀滔滔,抒不尽的豪迈。

大美之士,大雅之人,古往今来,数不胜数。从曾巩到老残,从路大荒到鞠思敏,从老舍到季羡林……熏染着上古之风,饱蘸着乡愁之墨,肩负着时代之命,他们用精神品格泅涌着舜德之城,用至真至纯书写着人间正道。

大舜之城,必有大美。对于人,雅是一种气节;对于城,美是一种风尚。

《史记·五帝本纪》中记载："天下明德，皆自虞舜始。"济南人敦厚豁达、纯良友善，正是大舜文化的一脉相传：舜德是根脉，是活水，久而久之，浸入骨血，成为习惯，那就是一棵葳蕤的大树，散发缕缕清芬，馥郁心田。

事实上，舜的余泽无处不在，舜的足迹也是无处不在。走近大舜，那一次的拜谒，承接先民理想；走近大舜，那一次的对视，获得精神感召；走近大舜，那一次的倾听，安抚浮躁灵魂；走近大舜，那一次的温故，找到心灵坐标。

趵突泉的娥英祠是为纪念娥皇、女英而建，距今已有1500多年。"泺水俗谓之娥姜（英）水，以泉源有舜妃娥英祠故也。"穿越时空隧道，领略舜帝两位妃子的风采，直教人油然而生钦佩。正殿两旁的楹联为徐北文先生所写："琴瑟友之钟鼓乐，凤凰归矣潇湘吟。"娥英祠后面是三圣殿，为纪念尧、舜、禹而得名。"是新石器时代末期的东方帝王，曾耕于历山（今千佛山）……后被四岳推举，得尧帝信任受禅为帝"，轻轻诵读，舜高大的形象在眼前耸立，瞬间心灵得到升华。

大明湖畔的闻韶驿很少人耳闻。闻韶驿，也叫"闻韶馆"，即古代的邮驿。董芸曾有诗云："闻韶古驿近如何，草绿湖蓝水自波。莫通元音今已歇，春风满郡日弦歌。"舜的父亲是个乡间乐师，受父亲熏陶，舜从小爱好音乐，颇有才华。《竹书纪年》中记载："有虞氏舜作《大韶》之乐。"后来孔子访问齐国，不禁大赞："子在齐闻《韶》，三月不知肉味。"弦歌不辍，只是，现代人是否能够听得到？

舜迹就在我们身边，大舜没有走远。在千佛山景区内，随处可见舜文化的标志性文化景观，最引人注目的是历山院、舜祠、三圣殿。

历山院位于兴国禅寺东门16米处，是一处儒、道、佛三教合一的长方形大院，占地面积3 000平方米。为纪念远古时代虞舜在历山之下开荒种田之事，颂扬古代明君，发扬大舜文化，故此院命名为"历山院"。著名作家徐北文先生有个经典评价，"如果说兴国禅寺体现的都是佛文化的精髓，那么儒、道、佛三家互相融合的历山院就是舜文化的集大成者"。拾级而上，可见山门，门

发扬大舜文化的历山院

额上"历山院"三个大字集自千佛山乾隆御碑。殿宇错落，红墙青瓦，绿荫垂地，古香古色。明代成化四年（1468），济南德王府内官苏贤曾捐资建成三清殿与真武楼。据文献记载，这里还曾建有观音堂，供奉观音菩萨。

郦道元在《水经注》中记载："城南对山，山上有舜祠。"千佛山的舜祠，也叫重华殿。舜祠是历山院的主体建筑，位于院内平台南侧，坐南北向，传统形式，七楹出厦，白粉墙、棕红柱、庑殿顶、黄琉璃瓦，给人以典雅之美，颇有庙堂气息。仔细打量，椽檩、额枋、斗拱，皆为彩绘，正脊、翼角、纹饰、浮雕，包括台基台阶，都极为讲究。进入殿里，虞舜位于中间，两旁是娥皇、女英二妃。望着帝王气象的大舜塑像，我心存敬畏，不禁神思驰骋，想起他躬耕的场面，想起他历经磨难最终成为一代帝王威服四方的仁爱。舜祠多次重修，门前抱柱楹联是："古帝谊深情记得潇湘斑竹泪，娥皇钟隽秀长怀历下千山泉。"山上经常有烧香拜佛的人，路过舜祠，也会进去望一眼。然而，有谁能懂得，与舜的对视拱手承接的是先民的理想。

殿内墙上的壁画，不动声色地讲述着大舜的成长心路，从舜帝降生、舜耕

历山院重华殿

历山到雷泽捕鱼、火烧仓廪、投石下井再到帝尧禅让，令人备受精神洗礼。舜祠西侧为三圣殿，殿内塑有尧、舜、禹的坐像，尧居中，舜、禹配其左右。三圣左侧为皋陶、於契，右侧为后稷、伯夷。殿内四壁，据史书介绍，四大臣各司其职，皋陶制定刑罚，於契主管民政，后稷主持农事，伯夷掌管祭祀。三圣殿内四壁同样绘有彩色壁画，南壁东侧为"大禹治水图"，南壁西侧为"禹受封赏图"，东壁为"益驯鸟兽图"，西壁为"后稷耕作图"，刻画精细，栩栩如生，仿佛把人们带回了远古时期。凡是细心的游客都会发现，在舜祠东侧有一处坐北朝南的帝舜圣裔宗祠，简称"圣裔祠"，祠内供奉有三十许姓氏，宗庙内供有二十五姓氏。举目四望，四周墙壁会有单色线条描绘图画，后壁西侧为"孝亲承欢图"，东侧为"虞廷赓歌图"；西侧依次为"躬耕历山图""相敬如宾图"和"友于弟妹图"；东壁依次为"百姓仰德图""命禹治水图"和"五世其昌图"。

在舜祠之下，有一座规模宏大的石刻，石刻所书内容正是《尚书·舜典》。大气、壮观的《舜典》石刻，让人立刻直观感受到舜文化的厚重。

石刻端首"舜典"两个字是由已故山东大学教授蒋维崧先生题写的，文章的字则是由他的弟子刘绍刚用篆书写成。石刻洋洋大观，生动再现了大舜的一生，具有极高的历史研究价值。

一路走来，印象最深刻的舜迹还是舜井街。最初，听到"舜井锁蛟"与"大舜淘井"的故事，顶着大烈日，我缠着父亲骑自行车带我过来，没想到只看到井底飘着几片绿苔，与其他水井没有两样。舜井附近布满垃圾，有些破败不堪，我略感失望。上学时，每到暑假，我和表哥三天两头来这里，直奔舜井街的店铺，买电影光盘，回去看个痛快。从店里出来，我俩一路小跑去看舜井。站在舜井前，他若有所思地问："你说，井下真的有黑色蛟龙吗？"我原地愣住了，陷入沉思，顷刻，他向前猛地推了我一下，笑着跑开了，我的心怦怦地狂跳不已。后来，再去看舜井，经过重修与改建，多了些围栏与碑刻。我和表哥在那里合影留念。后来的后来，他去了意大利留学，我得了一场大病休学。那一年，我16岁。现在想来，那时候我们的寻找不只是为了鼓胀起来的好奇心，冥冥之中还有远古的呼唤。

远古的呼唤，就在脚下，就在泉畔，不经意间，风一吹过，就这样落在了市井街巷的柴米油盐里，喧嚣盈耳的小贩叫卖声里，打泉水人的清澈眼神里……

你看，护城河千年流淌的淙淙泉水，不正是娥皇、女英的泪水汇聚而成的吗？你看，一条河哺育了世代泉城儿女，一条河繁衍着历史文化血脉，不正是大舜的懿德懿行所凝结而成的吗？从某种意义上说，我们都是大舜的后裔——精神的后裔。"德自舜明"，文化的DNA传承着；大德为尚，精神的血脉绵延

佛山倩影：大美舜城

着，永世赓续。

你看，走在街头巷尾，若是有人问路，总会有热心的大爷大妈上前指引：经路东西向、纬路南北向，窄胡同，怕你找不到，会带着你一路奔走。摇着蒲扇，拉着家常，介绍着泉水，让你感觉不到任何隔阂。最终，你找到了地方，也收获了一份信任与感动。边走边问，问出了一座城的希贤大音。

你看，公交车厢里，经常上演感人的瞬间。高峰时段，上来外地人，拎着蛇皮袋、一手抱着孩子，准会有人起身让座；炎炎夏日，遇见农民工兄弟，市民不会冷眼，而是投之以微笑，若是没有零钱，准会有人跑过去给你投币。下车的时候，你才发现，让座的人其实还没到站，善意的谎言温暖一车人的心灵。

那一片蜿蜒的苍绿，往云生处伸展，往水穷处伸展，铺天盖地，势不可遏；染绿了我的心灵，也染绿了大地的眼睛。我经常想起诗人孔孚的诗意描述："山顶上我捡到一个贝壳／把它放在耳边／眼前出现那条鱼／在流光中一闪／佛是个孩子／问他徒然／他哪里知道／老闭着眼／舜也年轻，只知道象鞭……""舜也年轻"，说得多好啊，舜也是个孩子，那个在历山脚下耕种的大男孩，他并没有走远，他就在我们身边。

多少次，我忆起大舜躬耕的场景。"昔舜耕于历丘，陶于河滨，渔于雷泽，孝养父母，以善其亲，乃及邦。"历山脚下，乱石遍地，野草疯长，大舜用苇草与树干搭起一个遮风挡雨的小窝，那是他的家。也许是芒种时节，太阳火辣，刺得人眼睛生疼。他走到田里,眼看一年的劳作有了收获,脸上红扑扑的,绽出粗粝的笑容。他是个憨厚的大男孩,黝黑的皮肤,凝结着日月同辉,白白的牙齿,显露可爱之气。那忽闪忽闪的眼睛,内敛着复杂而活泼的心绪:是对母亲的思念吗?是成长的烦恼吗?还是小小男子汉不为外人道出的心思?让人捉摸不透。

我多么想变成一只蓝色的飞鸟,在田野间印下痕迹,与大舜的脚踪连缀,幻化为一幅远古时代的清明上河图啊。

想着,想着,我仿佛融进了那片蜿蜒的苍绿中——这是生命沸血肝胆的抛洒,也是顺应召唤回到荒蛮的生命初心。

梭罗说:"文明改善了人类的房屋,但并没有同时改善居住在房屋里的人。"我深信不疑。"在这个世界上,我觉得真正的作家或艺术家,应该是通过其作品,有助于世人走向尧舜,或回到童年的人。"已逝作家苇岸的话语,依然警示后人。"人皆可以为尧舜",济南人早已领受了上苍恩赐的福泽——舜德,并植入灵魂深处。

舜迹,伸展着,以看不到的速度;苍绿,氤氲着,以望不见的诗意。这些,都是德行的生长,是精神的传承,且生生不息。

第二章

舜城：有一种幸福叫抬头见舜

上善若水，泉生济南。1936年，散文家倪锡英在书中写道："如果我们以东西来象征这个城市，那么济南应该称为'泉之城'。"千百年来，一脉清泉缓缓流淌，进驻百姓心里，成为一座城市的文化名片和灵魂皈依。

造物主似乎特别偏爱济南，宽厚的大手轻轻一撒，赋予这座城市太多的优质文化资源禀赋。泉水奔涌不息，孕育多种文化：大舜文化，舜德福泽后代；"二安"文化，亦豪放亦婉约；商埠文化，开放、包容、领先。济南也称舜城，且不说舜耕历山的故事流传至今，家喻户晓，单说行走在济南，可抬头见舜：脱口而出的舜井、舜耕山庄、舜耕中学，"三大名胜"里无处不在的舜迹，泉城齐鲁文化广场名人长廊排在首位的大舜铜像，使这片土地不仅清泉涌流，也向上拔节生长道德，坐拥全国文明城市"三连冠"的荣誉称号，这绝不是哪个人的功劳，而是一座城市的文化繁荣。

唐肃宗乾元年间诗人魏炎的《舜井题诗》："齐州城东舜子郡，邑人虽移井不改。时闻汹汹动绿波，犹谓重华井中在。""舜子郡"中的"舜子"即古人对舜的称呼，"郡"即"城"，故"舜子郡"就是"舜城"。由此得出，济南最早的雅号叫"舜城"。或许有人会问，典籍浩渺，各执一词，全国历山有20余处，如何证明舜耕历山是济南的千佛山，而不是其他地方呢？究竟舜的家乡在哪里？《孟子》明确指出："舜生于诸冯，迁于负夏，卒于鸣条，东夷人也。"《韩非子》有云："东夷之陶者器苦窳，舜往陶焉。"舜是东夷人，早年行迹在东夷地区，东夷地区主要位于山东半岛，

泉城广场齐鲁名人大舜像

而济南正地处东夷之地。最富有"含金量"的考证当属唐宋八大家之一、齐州知州曾巩，他在趵突泉畔修筑了泺源堂和历山堂，并作《齐州二堂记》，如是写道："盖《史记·五帝纪》谓：舜耕历山，渔雷泽，陶河滨，作什器于寿丘，就时于负夏。郑康成释历山在河东，雷泽在济阴，负夏，卫地。皇甫谧释寿丘在鲁东门之北；河滨，济阴定陶西南陶丘亭是也。以予考之，耕、稼、陶、渔，皆舜之初，宜同时，则其地不宜相远。二家所释雷泽、河滨、寿丘、负夏，皆在鲁卫之间，地相望，则历山不宜独在河东也……由是言之，则图记皆谓齐之南山为历山，舜所耕处，故其城名历城为信然也。今泺上之北堂，其南则历山也，故名之曰'历山之堂'。"不难看出，舜耕历山，就是济南的千佛山。

我始终觉得，泉水代表一种时间，大舜代表另一种时间。前者标注文化坐标，后者标注道德航向，或者说儒家精神图谱。舜的足迹遍布济南——千佛山上历山院，历山院里有舜祠，舜祠旁边刻有《历山铭》，而古城南门有舜田

千佛山舜祠

门，即历山门，舜田门内有舜井街，市区还有历山路、舜耕路、舜玉路、舜世路……

从远古迎面走来的大舜，就这样与济南结了缘，他是"垂儒家道统，开华夏文明"之圣王，他"发于畎亩"，出身平民，仁民爱物，睦族孝亲，耕稼渔陶，奉公无私。尽管大舜在南巡途中逝世，娥皇、女英二妃溺于湘江，但是，受东夷人"魂归泰山"风俗使然，他们会凌风远归，回到历山耕田之地，如趵突泉景区娥英祠悬挂的楹联，"琴瑟友之钟鼓乐，凤凰归矣潇湘吟"。

舜的地位和意义，在今天怎么强调都不过分。在千佛山景区卧佛东侧百余米的丛林中，可见大舜石图园。此园于1998年竣工，占地2 000余平方米，环境清幽，草木葳蕤，构筑起一道别具一格的人文风景线。园子中央有一处600平方米的圆形石砌地面，外围矗立6根矮石柱，内有9根石柱，每根柱子高8米，皆为花岗石质，呈四方形，自然平面，不加雕琢，愈显古朴大气。正中间的三根石柱顶端擎举60吨重的长方形石块，上面刻有徐北文先生的篆书：大舜石图园。大舜石图园好比一部厚重且瑰丽的伟大杰作，以神话为中心，石柱上刻有夸父逐日、羿射九日、嫦娥奔月、泰山玄女、黄帝战蚩尤等故事；传说系列，可见象耕鸟耘、渔雷泽、陶河滨故事等；古史系列，刻有尧帝求贤、四岳荐舜、大禹治水的故事。在我眼中，它是远古时代的心灵召唤，它是大舜精神的斑斓长卷，它是华夏儿女的精神图谱。所谓"石图"，一语双关，既是大舜文化的鲜活图景，也是东夷的精神图腾。石图园内这些人物造型，是根据先秦两汉的壁画、画像石、画像砖、马王堆汉墓帛画等镌刻而成，如一首恢宏史诗，缓缓讲述着发生在昨天的故事。

大舜石图园

石柱即故事，雕

刻即永恒，就像翻开一页一页泛黄的史册，见证社会变迁。第一根石柱，是尧舜相见的故事，上下构图形成鲜明对比，上图呈一派祥和景象，下图是史前武士形象，象征东夷民族的权力和威严。尧的儿子丹朱是个庸才，在各国首领推荐下，舜拜见尧帝，于是，"帝尧老，命舜摄行天子之政，以观天命，两人互相揖让"，从而改写舜的命运。第二根石柱，是舜命大禹治水的故事。大禹骑在鱼上，一手肩扛工具，一手指挥治水，那场面引人思绪翩跹。下方是百姓治水的劳作场景，用车推土，用肩扛土，用手刨土，用牲口驮土，让人不禁感叹"与天斗，与地斗，与人斗，其乐无穷"。禹努力，舜鼓劲，洪水终于退却，"君臣相贺，普天同庆"。第三根石柱为舜帝东巡，祭拜泰山，大臣鱼列

尧舜相见图

舜命禹治水图

出行，即禹、契、皋陶、垂、益、后稷、伯夷、夔、龙，祭祀场面声势浩大，有舞蹈、杂技、礼乐、贡品，朝觐完毕，小国家也被感化。《尚书·尧典》中记载："诗言志，歌永言，声依永，律和声。八音克谐，无相夺伦，神人以和。"这是大舜说过的话，在他的建议下，辟雍内专设乐苑，聘请舞技高超之人传习乐舞。后来孔子在齐国听后感动得"三月不知肉味"的《韶乐》，就是在这里诞生的，舜可谓儒家文化的火炬手。

第四根石柱上镌刻多个故事，如黄帝战蚩尤、嫦娥奔月、吴刚伐桂等，倒是北侧小篆阴刻的"解说"让人一目了然，"蚩尤作兵伐黄帝，黄帝乃令应龙攻之冀州之野"。上天派泰山玄女传授黄帝兵法，从而制服蚩尤。泰山玄女人头鸟身充满神话意味，激发人们无尽想象。

第五根石柱，是东夷族的图腾，从南侧阴刻小篆上可见。"少昊挚之立也，凤鸟适至，故纪于鸟，为鸟师而鸟名"，意思说是少昊立帝的时候，有凤凰飞来，因此用鸟为图腾，又用鸟的名字为其他官职人员命名。这让我不禁想到爱尔兰诗人巴特勒·叶芝的诗句——我们必须在生命之树上为凤凰找寻栖居。小篆字体，像极了神话人物的衣饰，飘忽，轻盈，动人，本身就给人以独特的审美。

第六根石柱镌刻着羿射九日、夸父逐日的故事。这两则故事我们耳熟能详，射日、追日异曲同工之处在于对光明的执着追求，可与普罗米修斯盗取火种获得自由之悲壮相媲美。神话中的大舜被称为帝俊，与妻子羲和生了10个太阳，让人联想到诺贝尔文学奖获得者石黑一雄在《克拉拉与太阳》中开篇所写，"太阳总有办法照到我们，不管我们在哪里"。图腾，是精神信仰，也是不灭的火种。

第七根石柱是舜耕历山的故事。他在历山脚下耕种，在雷泽捕鱼，在河滨制陶，他用勤劳创造财富，改变生活，一年后其居所人气聚集，两年后成为一个小镇，三年后变身一个都市。与其说是舜艰苦奋斗的精神感化民众，不如视为农耕时代舜和民众和谐相处的经典场景。

第八根石柱为虞舜三次蒙难的故事。弟弟象焚烧仓房谋害他，继母和象欲挖井活埋他，又欲趁其醉酒而杀害他，一次比一次歹毒，舜都有幸逃脱。虽然父母和弟弟设计屡次陷害，但舜天性仁厚，仍然孝顺父母，爱护弟弟，并以德报怨渐渐感化他们。尽管舜的这些经历我听大人讲过，书本上读过，影视动漫里看过，但是，石柱子上的舜帝给人以逼真感，仿佛一脚踏入那段历史，身心震颤，身临其境。如果说家里的遭遇是"小考"，那么舜帝南巡路上遇到的种种磨难则是"大考"，第九根石柱再现舜帝南巡场景，使人更加敬佩这位有血有肉的舜帝。

大舜石图园好似一处室外的"小剧场"，亦是传统文脉的神话志，与山上的舜祠相映成趣，堪称流动的风景。这些石柱，让我们抬头见舜，走进历史现场，聆听无声的讲述，收获的是心底的那一个"信"字——

是信仰，承接先民理想，舜耕历山，渔猎制陶，不怕吃苦，创造奇迹；是信念，赓续文化血脉，通过舜的一生点燃心中火种，激发中华民族自强不息的奋斗精神。

信仰、信念，说到底是舜德的光辉鉴照，品格的日月同辉。徐北文先生

大舜石图园文明之光雕塑

生前致力于舜文化研究，他把大半生的心血都写进了《大舜传》里，其中有段话令我印象十分深刻："早在司马迁之前，载籍中关于舜登王位以前的活动状况，已形成共识，所以各家所记大体一致——舜如何获得人民的信任，从而被推荐于朝廷。他是因善于劳动，谦让，善取他人之长，兴利除弊等而受拥戴的。他犹如外国宗教主释迦与耶稣一样到各地旅行教化，获得拥戴。也如其后的孔子一样，周游列国。虽然有夸大成分，如'一年成聚，二年成邑，三年成都'之类，然而所举之具体行事，确实符合一个民间自然领袖的成长过程，是很有说服力的，足证舜是个人，不是神，而且也是现实生活中可以发生的人。"他对大舜的考证与研究，难道不也是一种精神的传承吗？

那天外出，再次路过舜井街，勾起我的很多美好回忆。济南的老街巷，皆有来历，而且深藏故事。古代社会，历山脚下有一条历水，历水发轫于舜泉泉群，就是今天的舜井街一带。北魏郦道元《水经注》中记载："舜泉在祠东，一名舜井，双井并列，世名源源泉。"听父亲说，最早的时候，这条街叫南门内大街、南门里大街。1912年，分为南门里大街和舜井街。1980年，将南门里大街和舜井街合并，命名为"舜井街"。

舜庙留下的石碑

在济南，舜井也叫舜泉，位于舜井街中段路西舜园门前，最早的记载见于北魏郦道元《水经注》："（历）山下有大穴，谓之舜井。"金《名泉碑》、明《七十二名泉诗》、清《七十二泉记》都有记载，欧阳修、苏辙、曾巩、元好问都曾赋诗吟诵。过去，舜井立着"龙虎护法"石碑，供有"圣井龙泉通海渊之神"木牌。

今天的舜井，为石砌圆井，上置块凿刻的圆口作岸，井口直径0.5米，四周绕以石雕栏杆，井口周边刻有关于舜井或大舜的诗词歌赋、神话传说，一根粗壮的铁链拴在井壁上，寓意"舜井锁蛟"。记得有个南方朋友第一次见到这根铁链，满脸不解

20世纪80年代的舜井

今日舜井

地问道："井口锁上链子，难不成是为了拴住这眼泉子？"话音落下，在场者笑作一团。舜井，据说是大舜亲自开凿的一口水井。他的父亲瞽瞍是盲人，他出生后母亲去世，父亲再婚娶妻，生有一子叫象。继母唆使其父虐待大舜，千方百计欲置他于死地。有一天，继母设圈套让舜淘井，待舜到了井底后，她和象用石板堵住井口，企图憋死舜。这个时候，舜的妻子娥皇、女英，看出继母的阴谋诡计，便为舜织了一件带有龙形彩纹的上衣，让他穿在旧衣服里面，嘱咐他遇到危险的时候立马脱去外衣。舜

发现井口被堵死，遂脱掉外衣，立马化作一条五彩的龙，瞬间从另一口井飞了出去。舜脱险获救，因而发掘出一处甘泉，称为舜泉，也叫舜井。

舜井锁蛟

民间还有一种说法，当年大禹治水的时候，有一条黑色蛟龙神出鬼没，经常在济南地区兴风作浪，闹水灾祸害百姓。大禹日夜治水，曾三过家门而不入，把无家可归的老百姓转移到泰山、兴隆山、龙洞山上。然后，大禹怀揣照妖镜，身带定海针，手挽降魔铁索，乘木筏在风浪中与蛟龙激烈搏斗，他抛出降魔铁索，把蛟龙锁在舜井里，发誓除非有一天铁树开花才能放它。延续至今，仍有两根铁链悬在井中。然而，被锁在井底的黑色蛟龙并不安生。传说，民国时期韩复榘主政山东，马路上已经有了电灯，恰逢他给老父亲做寿，便命令把舜井街上木头电线杆子全部换成铁架子。谁能想到，沉睡的蛟龙见井口铁架子异常明亮，以为铁树开花了，便拼命挣扎要往外逃，搅得井水外冒。有过路人见状惊恐万分，对着井口大声喊道："蛟龙，你仔细听着，那是电灯，不是铁树开花！"这样，井下才慢慢恢复平静。

一条老街，一口老井，一段故事。济南人枕泉而眠、临泉而居，"谁家鹅鸭横波去，日暮牛羊饮道边""阿侬最喜长流水，流到门前洗绿䰂"，把泉水生活过成一首无字的诗，大家对这些传说故事早已见怪不怪，抑或是说早已幻化为泉水生活的一部分。

旧时，济南没有自来水，百姓全靠临街的泉水过活，煮饭淘米，浆洗衣服。舜泉的水，甘甜清洌，水质绝佳，冬天也保持常温，夏天桶里泡个西瓜放进去，比放在冰箱里还要凉，三伏天喝碗凉面，泉水漉过的面条，又清凉又过瘾。不少人以卖水为业，用"担杖"（扁担两头加上铁链、铁钩）挑着水走街串巷，边走边吆喝："卖水咧！""甜水卖咧！"一个铜钱一担水，改用纸币后每担水约一百元（一分钱）。时间久了，他们有了固定的运水路线，水花打湿石板路，人们穿梭来往，踩出一条条水胡同。酷暑天里，地上湿漉漉的，给人以凉沁沁的感觉；到了冬天，地上会结冰，路滑不好走，热心的住户会洒上一些炉灰。听住在舜井街附近的老人讲，那个时候，人们用担杖钩挂着水桶取水，提上水桶后灌入大车桶里，接二连三地取水，直到灌满为止，然后用木塞塞住。送水车在胡同里拐个弯儿，先给那些孤寡老人送水，很多老人是小脚，提水灌壶，体力不支，谁去送水都会主动上前帮一把，这成为街坊邻里约定俗成的做法，但从来没有那些客套之辞。同一口舜井，缓缓讲述着城南往事，那是老济南的街坊情缘，那是几代人的舜德佳话……

我上初中那会儿，舜井街就很繁华了，光碟、游戏机、游戏卡最全，后来这条街成为手机配件一条街。再后来，伴随商业资本的扩充，带来的是周边环境的无序，那口老井被填满垃圾，在无人的深夜暗自垂泣。

舜井街新貌

2008年，经过整治舜井街焕然一新。2015年10月，多次封闭施工的舜井街恢复通车。如今的舜井街，宽敞通达，车水马龙。很多人并不知道，当我们今天路过此地，脚下很可能就踩着舜园的历史光影。宋朝时期，济南城里兴起园林修建之风，舜井街上建有舜园，属于城南舜祠（亦称舜庙）的附属景观。到了明清时期，舜园的"松韵南薰"成为当时的名园名景。据相关文献记载，舜园内以松柏著名，"风拂其枝，如龙凤翔舞，离枞蜿蜒……声如吹埙，如过雨，如水激石，如铁马驰骤，剑槊相磨，乍大乍小，若远若近，又若薰风之入七弦也"。故而，"松韵南薰"为"历下十六景"之一。当大舜文化遇见园林文化，既是济南之美，也是文化之美，可谓"美美与共，精神和鸣"。

听老济南人说过，当年舜泉汩汩而涌，声势浩大，不啻趵突泉，伴随松涛激荡，源源不断地把泉声、涛声、市井声输送到各个角落，抵达路人的心窝里，因此，这舜园也自然而然成为老济南颇为壮观的景观之一。文学家欧阳修前往青州，路过济南，赶上舜园盛事，对此称赞不已，"游车击毂惟恐后，众卉乱发如争先"，舜泉"无情草木亦改色，山川惨淡生云烟"，一水一泉一园，让整个济南城变得活色生香；大词人元好问钟爱游山玩水，路过此地，触景生情，"石渠漱清溜，日听薰风弦。便为泉上叟，抔饮终残年"。望着舜泉清澈如许的泉水，顺渠而流，暮春初夏，微暖的和风送来舜园松香阵阵，如此美妙，宁愿在这泉畔饮酒度过余生。明代在济南任职的晏璧，写冬去春来，舜园前绿草新芽，芳香四溢，旁有舜井，泉水澄清，味道甘甜，从舜园出发流向大明湖，"汪汪千顷泛波澜"，声势不可谓不浩大。然而，伴随时代巨变，舜园也逃不过命运多舛。据清代文学家王士禛记载，康熙年间发生火灾，舜祠以及舜园被烧之殆尽。之后，舜园多次损毁又修缮，沐浴硝烟炮火，历经时代劫难，遭遇生命创痛，园内那些静默不语的松柏，那些咬牙忍受、从不喊疼的松柏，就这样被连根拔起，轰然倒下。

或许，从来都是人类亏欠自然，自然从不辜负人类。近代以后，舜园被用作学校、医院，最后一次复建的时候，园内还有叠石假山，花丛草地，溪流环绕，这与其说是最后的留恋，毋宁视为济南人集体记忆的见证。值得庆幸的是，舜井、石碑很好地保存至今，或许这就是泉畔的灵魂眺望。

"抬头见舜"是一种幸福，那么，赓续文脉则是一种责任。大舜就在我们身边，就在不远的地方。当大舜走下神坛，转身进入市井街巷，不经意间他与我们擦肩而过。我多少次联想到，当年娥皇、女英先后生下儿女，公务缠身的大舜或许也很想做个合格的父亲，憧憬过其乐融融的生活，"咱们回家去吧，在历山之下，饮泺泉之水，食莲湖之藕。上山采果，下湖垂钓。咱们领着儿女，带着黑灵和卢子嬉戏于柳丝荷花之间，该多好啊！"然而，由于主持政事，他只能忍痛割爱。今天，那些看得见或看不见的舜迹，在日新月异的时代沉淀为一种精神版图，引领我们向上向善，德行天下，传承和弘扬民族精神——"孝悌忠信，仁民爱物，厚生利用，恭敬谐和"。

第三章

万佛之洞，敞开历史之门

万佛洞石塔

木心先生在文学课上曾讲道："今后诸位走访列国，必要熟读该国的人物与史迹，有备而去，才是幸福的出游。"我们去一个地方游玩，应该做足功课，否则就会变成随波逐流而不求真相的观光游客。千佛山景区的万佛洞，就是这样一处神秘且瑰丽的景点。

　　很多外地朋友问："万佛洞，是有一万尊佛像吗？"这与"千佛山，有一千尊佛像"的疑问异曲同工。"万"与"千"是形容数量多，并非准确的数字。万佛洞位于千佛山北麓，于1992年9月建成开放，占地5 000平方米，展线长达600米，它将我国"四大石窟"精华融为一体，即甘肃敦煌莫高窟、河南洛阳龙门石窟、甘肃天水麦积山石窟、山西大同云冈石窟，经过精选、浓缩、重构，用仿造的办法塑造了佛祖、菩萨、弟子、天王、力士共约23 000尊，依次为莫高集锦、龙门精华、麦积奇观和云冈荟萃。

　　其中，万佛洞内最大的卧佛长28米，最小的仅有20厘米。每一次参观，我都有不同的感受。石窟既像一本历史厚重的大书，又如一座艺术精华博物馆，佛像或残臂或断头或风化或斑驳，从中可领略北魏、唐、宋的造像风采，展读那段历史背后的迷人故事，让人沉溺其中难以自拔。有朋友说这里是古代音乐殿堂，走过，看过，欣赏过，就像是置身一场千年皇家音乐会，钟鼓齐鸣，梵乐九天。我觉得此言不虚。有的佛像雍容典雅，有的曲眉丰颊，有的发络垂肩，有的高鼻深目，有的秀骨清癯，多姿多彩，美不胜收。

　　石窟属于佛教寺院建筑的一种，依山崖开凿，有一定空间，可作为殿堂使用。石窟内塑像、雕刻、绘制佛教故事，以利人们尊崇和祭祀。开窟造像最早源于古印度，是僧侣信众修行场所，在僻静的山壁上凿石开窟，远离尘嚣，面壁禅定，后来通过中亚流传到中国新疆、甘肃等地。从发展的时期看，上至东汉，下至明、清都有开凿，但以南北朝和隋唐为鼎盛时期。石窟反映佛教思想发生、发展过程，它所创造的佛像、菩萨、罗汉、护法及其故事等，通过具体的人的生活形象塑造出来。根据形状，石窟分为两种：其一为较大的石窟，窟内左部、右部、后部岩壁上开出许多小龛，称为毗诃落或精舍，意为"寺庙"；其二，为大型石窟，在石窟中心或后壁做支柱（也叫支提），

万佛洞石像　王啸／摄

意为"塔庙"。唐代以后此种形式居多，也称作支提窟。石窟传入中国后，经过改造和发展，具备中国特色。印度支提窟在窟内带有廊柱或内柱，一窟之内带有壁柱，没有壁龛，只有大窟；而中国支提窟则一窟之内无柱，不设壁柱，石窟四壁还有很多小龛。如开窟遇到的石质极软，匠人就采用壁画与塑像方法代替雕刻，敦煌石窟、麦积山石窟就是最鲜活的例子。

先说莫高集锦。其主像为唐代释迦涅槃像，长20余米，下面为四大弟子，对佛祖涅槃呈现喜、怒、哀、乐不同表情。只见主像释迦，左右侍二弟子、二菩萨、三天王，足踩地神、地鬼，以夸张手法表现人物性格。盛唐泥彩塑像，活灵活现，十分逼真。正中位置，是释迦趺坐，左右迦叶、阿难侍坐；外围可见文殊、普贤二菩萨，生动鲜活，引人驻足。在盛唐中心塔柱下，东西南北四个方向的释迦牟尼及其弟子，雕刻细腻传神，彩绘塑造再现原汁原味的艺术风貌。最吸引游客的是洞内壁画，佛像、供养者、神话、佛教史迹，交相辉映，光彩照人，给人以精神审美和灵魂净化。

引人注目的是，在南段东侧位置，壁画长卷有一组九色鹿的故事。相传，菩萨化身成一只美丽的小鹿，因皮毛颜色有九种，两只角洁白如雪，被人称作"九色鹿"。它经常在恒河边食草饮水嬉戏，与河边树林里的小鸟结成好朋友。夏日里的一天，大雨骤降，山洪暴发，一个大汉被洪水冲进河里，在危急关头他抱住一棵大树，拼命地呼救。这时候，九色鹿正在河边，听到求救声，它毫不犹豫地跳到河里，拼尽全力游到溺水者的地方，它本来身体孱弱，受到洪水的冲击、大树的碰撞后全身多处受伤，鲜血直流。尽管如此，它还是咬紧牙关，把溺水大汉安全地驮到了岸上。大汉获救，感激涕零，"扑通"跪在地上磕头，直说今后为它做牛做马都心甘情愿。九色鹿安慰他说："你不用报答我。只要你不告诉别人我的住处就行。"大汉听完，发誓说："我一定做到！你就是我的救命恩人，如果我出卖你，就会不得好死！"很多事情就是这样巧合，就在九色鹿救人的当天晚上，这个国家的王后做了个梦，梦见一只漂亮的小鹿，全身分布九种颜色，她很想用鹿皮做件漂亮衣服。天亮之后，她把梦境说给国王听，半撒娇地说："我想得到它，否则我会病死的！"国王当即一口答应："全国的臣民都是我的，何况一只小鹿呢，事情交给我，你就放心吧！"很快，国王发出布告，有奖寻找九色鹿，将赐予当事人装满金豆的银钵和装满银豆的金钵。那位大汉看到布告后利欲熏心，动了恶念，他快马加鞭第一时间来到王宫，禀告国王九色鹿的下落。当他带领国王以及大队人马来到树林里时，小鸟率先给九色鹿通风报信，谁知九色鹿因太累睡得很沉而没有听见。鸟儿急得不停地扑棱翅膀，当它啄醒九色鹿时，为时已晚，国王的人马已经把九色鹿团团围住，弓箭手张开弓对准了九色鹿。见此情景，九色鹿对国王说："大王，请允许我先给您说一句话，再杀我也不迟。大王，我一向羡慕你治理的国家，这里的臣民道德高尚，万万没想到这里的民风如此恶劣。眼前这个人，就是我昨天从恒河里救出来的，他还发誓给我做牛做马，没想到他身上的水还没干，就领着你们来捉我。这样的人，难道就是按照你们国家的道德规范做事的吗？如果这样，你的国家还有什么希望可言？"国王听完，满脸羞愧，遂转身对大汉说道："你真是忘恩负义，天理难容。"国王命令道："来人，把他拿下，立即处以极刑！"片刻，他又对所有人大声训斥："你们都给我听着，从今以后谁也不能打九色鹿的坏主意，有违令者灭其九族！"回到王宫，国王把事情始末给王后说了，王后也很通情达理，自此再也不提九色鹿了。从那以后，各地的鹿群都来到九色鹿身边，它们在恒河边饮水嬉戏，生活得自由自在，跟着九色鹿继续做助人为乐的事。这个国家，从此安乐祥和，再无天灾人祸，一派太平景象。

当目光抚过一幅幅精致而动人的壁画，我不禁热泪盈眶，内心升腾起敬畏感和庄严感。敬畏，是与千年的洞窟相视，感受当年匠人屈身绘画的姿态，顿觉生命的渺小和虚无；庄严，是与精致的佛像对话，感受舍身经变故事的悲壮与慷慨，顿觉人生的丑陋与功利。与洞窟那些艰难肉身相比，我所饱尝过的生命之痛，是不是可以忽略不计？佛像是有生命的，历史是有回响的，冥冥之中我在想，如果自己是工匠，夏日午后或冬日早晨，在洞内手持斧子叮叮当当地凿，是否会惊醒壁画里的萨埵？他的发愿刺颈、纵身投崖、舍身饲虎，会不会复活？据说，过去洞窟里幽暗，外面的光照不进来，工匠不得不用蜡烛照明，有些时候洞窟深处氧气不足，无法点燃，又担心烛火熏黑墙壁，只能利用镜片的折射原理，把外面的光折射进来，借着闪烁而微弱的光，一点一点绘画。我想，这也是一种修行，不啻精神的淬炼，在幽暗的洞窟里攀爬和精进，完成自我。

再说龙门精华。其中以宾阳洞窟最为盛名，内塑有释迦牟尼及其弟子、菩萨，塑像面相清瘦而略长，衣纹呈折叠式，凸显北魏造像艺术特色。而丰先寺是唐朝代表作，正中主像为大卢那像，左右二弟子、二菩萨、二天王、二金刚侍卫，一铺九身，为佛教石窟造像最完备的组合形式。龙门石窟万佛洞内还能欣赏到唐代最具代表性的佛像雕塑，两壁镌刻有15 000余尊小像，因而命名为"万佛洞"。这一刀一斧，这一凿一痕，凝结着千百年的智慧和汗水，迤逦出大唐盛世的恢宏气象和世俗生活。

凡是去过山西大同云冈石窟的人，都会被莲花洞内高浮雕莲花所震撼，洞窟正中镌刻有硕大而精美的莲花藻井，周围环绕八身飞天，而主佛坐于八角形束腰莲花座上，正壁上方雕刻有五十二朵绽放的莲花，每朵莲花上都有一位供养菩萨，莲花、茎、蕾、叶、花、蓬相间，堪称唐代莲花雕刻的神品。莲花与造像衔接得也是美妙绝伦，整个洞顶以莲花为宝盖，花心正圆，花态圆润，整个莲花图案为三层，最凸起的是饱含莲子的莲蓬，其次凸起的是以莲蓬为中心向四周展开的双层莲瓣，最后一层是忍冬草花纹围成的图案，层叠盛放，好似梦幻仙境，整个窟顶恍若变成佛国世界的风荷莲池。回到千佛洞，29尊浮雕罗汉四周也分布万尊小佛，相比之下，我更喜欢这些精致鲜活的小佛——流露出各个朝代的独特信息。而洞内的六身飞天，她们头挽花髻，细腰长裙，天衣飘动，裙带当风，高翔云间，造型甚美，或持果品，或持乐器，或散花雨，与盛开的莲花动静相生，引人遐思，仿佛跟着飞天神佛一起起舞，阅尽人间烟火，抵达金色天国。

万佛洞飞天图

　　我在四门塔、灵岩寺、九顶塔等不同地方看到过飞天，飘飘欲仙的飞天，奏乐舞动的飞天，能使人沉醉，能让人忘乎所以，堪称经典艺术瑰宝。第一代敦煌的守护者常书鸿迷恋飞天，在给前妻陈秀芝的信中写道："我特别欣赏那些建于五代的窟檐斗拱的鲜艳花纹和隋代窟顶的联珠飞马图案，再就是像顾恺之春蚕吐丝般的人物衣饰勾勒，还有极具吴道子画风的'吴带当风'的盛唐飞天。你简直不知道那些飞天有多么美妙，喇嘛们喜欢把他（她）们叫作'香音神'。真是可爱极了，美极了！我们在巴黎看到那本图录时，以为飞天只有女身，现在我可以告诉你，飞天还有男身！你不知道那是些多么轻盈而又各个生动的形象！那种金碧辉煌的李思训般的用色，那充分体现民族传统和时代风格的山水人物绘画，真是栩栩如生，呼之欲出。"或许，飞天深受人们喜欢，正是以轻盈而梦幻之身，托举这沉重的肉体吧。

　　如果将不同时期的佛像石窟视作一部完整的佛像艺术发展史和传播史，那么麦积造像就是发展高峰之一。麦积奇观，洞口四大金刚，面孔凶悍，肌肉跳动，为佛教护法，给人以坚不可摧的精神力量。说洞内的景象气象万千，一点不为过，没有重复的雕刻，没有相同的造型，从来都是千变万化、姿态各异。比如，释迦认子佛像造型，下面的小像是释迦儿子罗睺罗，天真可爱，惟妙惟肖。位于正中的摩崖三尊，为隋代代表作，是释迦牟尼，左为文殊菩萨，在诸多菩萨中才智实属第一，故有大智文殊美誉；右为普贤菩萨，曾发十大行愿，为佛教引身献法，因而有大行普贤美誉。再看宋代观音，线条流畅，刀工精细，具有艺术的整体性和装饰性。托重力士，逼真形象，精彩绝伦。而明代涅槃像、北周千佛廊，皆构思别致，气势宏大。

　　麦积奇观，源自甘肃天水麦积山石窟，是仅次于敦煌莫高窟的大型石窟群。著名教育家罗家伦曾为石窟题联："行经千折水，来看六朝山。"所谓六朝，泛指魏晋南北朝，谓麦积山石窟为六朝石窟。石窟最早时期是传统木质栈道，后来冯国瑞先生前往勘探，为山体加固和保护工作做出卓越贡献。2014年，麦积山石窟作为丝绸之路的遗址，成功列入世界文化遗产名录。千佛山的麦积奇观，虽然是仿造，但是依然能够感受到麦积山石窟的独特结构和艺术魅力。

最后说云冈荟萃，千佛山万佛洞内集云冈石窟精华，根据其结构特点重组来再现恢宏的气势，体现出北魏以来劳动人民的聪明才智。置身洞内，能够欣赏到北魏、唐、宋、元、明、清时期的造像风采，洞壁雕刻佛陀、菩萨、飞天等造像，宛若佛国仙境，气势恢宏，使游人"思接千载，视通万里"，可谓一座由万千彩塑与壁画构成的石窟艺术博物馆，因而被誉为"中国一绝"，具有珍贵的艺术价值和研究价值，如《建千佛山万佛洞题记》所说："此石窟艺术不仅在我国美术史上占有重要之位置，且已成为举世景仰之世界文化遗产，其容量已大大超越宗教与艺术之范畴，为后人探寻过去之文明，敞开历史之门矣。"

万佛洞内有看不完的风景，赏不尽的宝藏，说不完的故事，就像我国博大精深的佛教文化一样，给予我们源源不断的精神滋养和心灵润泽。当年，常

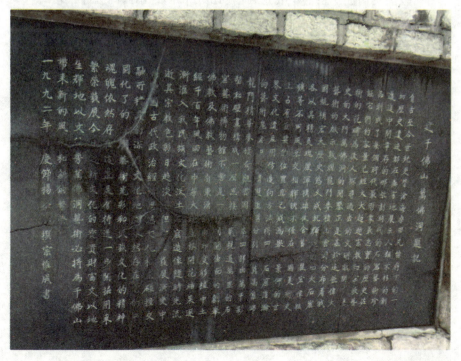

建千佛山万佛洞题记

书鸿为了给敦煌莫高窟千佛洞筑墙、修墙加固保护，三番五次争取保护资金，拍卖画作《千佛洞的风景》。当一道千米长的沙土墙矗立在千佛洞前时，他感慨万千地说道："它不是一道土墙，而是一道黄金带，是这些善良而又勤朴的敦煌老百姓为千佛洞献出的一颗颗金子般的心铸成的黄金带！"事后，他将所有民工的名字密密麻麻记在本子上，用小刀在土墙上刻下八个大字——敦煌百姓，功不可没。他还分享过一件小事，真为千佛洞壁画而来的，要算国画名家张大千先生。那时候一般国画家正在出国展览赚取外汇，大千先生能走到这种绝塞荒郊，"磅礴坐卧其下者及三载"，他那种奇寒盛暑，劳苦相勉，努力于中国古代艺术发扬的精神，在最近展览中已经获得了应有的代价！……到目前，事隔多年，还仿佛看见当时的张大千先生在春寒黎明忙忙碌碌指挥入门弟子从事临摹的紧张状态，以及向觉明先生独自深夜秉烛俯伏洞窟高壁上录写题记时聚精会神的倒影，还有士兵携带铁铲木耙清除沙土时热烈奋勇的场面。

由敦煌莫高窟千佛洞，我想到千佛山万佛洞，不同的因缘，相同的意义——洞窟造像承载时间的压力，赓续文化的心脉，传递生生不息的精神。或许，时间可以风化洞窟和佛像，但是，永远无法风化人类的精神。虽然我没有去过敦煌，未曾到过云冈，但是，我们这座城市能有一座如此迷人如此深邃的万佛洞，这何尝不是莫大的幸福呢！

第四章

千佛崖上探寻生命本真

千佛崖全貌

从南北朝时期开始，全国石窟造像风气十分流行。隋文帝杨坚诏复佛寺，大兴佛事，其母为济南历城人，他为了纪念自己的母亲，特意在齐州（济南）建佛寺，造佛像。据乾隆年间《历城县志》第十八卷记载："千佛寺，亦名兴国，亦名迁祓，隋开皇间镌佛像于山阴，随石作形。"今天，当我们游览兴国禅寺，就能想象到当年千佛寺的宏伟壮观和香火旺盛，想象到隋代石窟造像的繁荣景象。如清代著名学者、诗人翁方纲的亲身感受："山对济南城，人言帝舜耕。登临记秋晚，几案与云平。曾巩文传久，开皇像凿成。历亭遥望处，痏痳依栏情。"从兴国禅寺的山门向南看，就会看见千佛崖上的九座石窟和众多的佛龛。这些雕塑终年受不到阳光照射，山石披着青苔绿衣，显得十分古老神秘。

论造像的整体规模，这儿的千佛崖不及四门塔千佛摩崖造像，但从文化传播角度分析，这里称得上济南佛教文化的中心区域。千佛山佛教造像的雕刻虽仍承南北朝风格，但面貌已显柔和，面庞已渐圆润，衣褶也重写实，是唐代石雕的先声之作。

众所周知，隋代前后二十年间，从隋开皇七年（587）至开皇十五年（595），石窟造像最为兴盛，数量多、面积广，反映出隋朝佛教信仰更加大众化，造像风气从皇家情结过渡到民间大众。这一点从《续修历城县志·卷三十一》中可以查证。"苍岩石壁孤城影，深洞莓苔古佛身。"千佛山以其亘古未易的姿态凝视着济南的历史风云，更是赐予人心灵意蕴隽秀的厚礼。

有一段时间，我对石窟造像兴趣浓厚，专门去千佛山看造像。近观这些风蚀残损的石窟造像，想象1 400余年前的历史现场，我冥冥之中觉得自己就是当年在此雕刻的一位工匠，每天敲敲打打，粉尘覆身，眼看造像出轮廓，眼看石窟起变化，眼看朝代风云起，沐着一层奇幻的金光，不知是佛像活了过来，还是我已变成佛像的一部分，整个洞窟大放异彩，好像坠入仙境。

在千佛崖造像群中，最负盛名的当属极乐洞，洞内主体是"西方三圣"，有大小佛像八十七尊，镌刻于隋开皇十年（590）至十三年（593）。洞内居中位置为释迦牟尼像，是西方极乐世界的教主，属于大乘教净土宗所信仰。佛像身高约3米，盘膝禅坐，身后饰有佛光，法像端庄威严，左右大势至菩萨、观世音菩萨侍立。在中国主要供奉四位菩萨，分别是文殊、普贤、观音和大势至，极乐洞内供奉有观音和大势至。菩萨是指未成道之前的佛，戴宝冠，祖上身，着璎珞或披巾，下穿大裙，赤脚。其他洞窟，造型不一，有的高居壁殿，有的举手可触可摸者，还有一二尊成窟者，三五尊成区者，错落有致，美观大方。最叫人流连驻足的是雕刻技法细腻逼真，如临其境，身着锦衣者，华美富贵；结跏趺坐者，慈祥圆润；合掌禅定者，凝心屏气；手拈莲花者，如意吉祥；凝神蹙眉者，摄人心魄。

平日里人们遇到磨难时，经常默默

极乐洞

念一句"阿弥陀佛"，就连《红楼梦》中的女主们也张口闭口"阿弥陀佛"。这位佛祖有着怎样的民间故事呢？

很久以前，鲁东一带有座寺庙，寺内住持叫妙缘，他收了一个徒弟叫阿弥。阿弥从小习武，练就一身过硬本领，而且吃苦耐劳，乐于助人，哪怕遭人冤枉也无二话。山下村里住着一个好吃懒做的泼皮，一天偷鸡摸狗时被阿弥逮住，并好言相劝，守着他的面砸碎一块石板，以示震慑。事后，泼皮并没有悔改，反而一心加害于他。寺里有个和尚叫承缘，与泼皮一样偷懒耍滑。泼皮利用承缘栽赃是阿弥打破的水缸，砸伤了香客，先后两次诬陷他，阿弥都默默忍辱，独自承担。泼皮和承缘变本加厉。有一天，承缘在寺院大门山道上打扫卫生，这时候有位背着袋子老态龙钟的香客站在道路当口，承缘让他闪开，老香客不语。一旁的泼皮拨弄是非，说老人故意气他，承缘上前推了一下老香客，孰料老人倒地不起。承缘吓得大喊大叫，低头瞬间，注意到袋子上缝的白布上写有"老夫聋哑，患有严重心脏病，望诸位善士照顾"。见老人没了气，泼皮挑唆他把罪名扣在阿弥头上。承缘慌乱中去给住持告状。阿弥见承缘脸色煞白，就明白了事情真相。他自言自语道："既然受冤枉不止一次了，那就受到底吧！"他承认错误，甘愿受师父处罚。众僧将老香客抬进禅房，住持为其念经超度，结束后住持对阿弥说："人命关天，这次我无法再原谅你了，我罚你把老人驮到山下埋葬，然后离开寺庙自谋出路吧！"阿弥没有半句怨言，默默背起老人向寺院外走去，走了很远的一段路后便消失在西方，那里没有烦恼、没有痛苦，那里的山川、河流、树木、房舍都闪着金光，人们生活得极其快乐。阿弥多年受冤饱尝苦痛，很快修行成佛，当上了西方极乐世界的佛祖，他的故事被称作"阿弥驮夫"，后来人们改称他为"阿弥陀佛"。

极乐洞以西是龙泉洞，两者内部是相通的。龙泉洞里面有泉水，十分旺盛，因水汽蒸发，龙泉洞内布满了青苔，远远望去，就像在洞壁上铺了一层绿毯。据说，到了冬天，山风吹来，入洞回旋，就像老龙吟鸣，故称龙泉洞。洞口上崖壁上刻有20余尊佛像。洞水深3米，水清见底，冷气森森，是当年僧人的饮用水源，有"洞中的洁水，为客洗烦愁"之说。

龙泉洞

在万佛洞门外东侧石壁上，绿丛掩映中有一尊数珠观音塑像，这尊观音菩萨是根据重庆市大足区石刻原貌复制的。她头戴花冠，脚踏莲台，手掐数珠印，衣袂如迎风轻扬，观之有少女的腼腆与柔美，令人忘了菩萨的威严。

相传在南宋绍兴年间，重庆府内有一位叫魏敬的官员，家世显赫。那年恰逢他过生日，亲朋好友前来祝寿，他却没有情绪。此时，魏夫人跑来说道："老爷，你做的梦我给破解了！"原来，生日前一天，魏敬做了个梦：傍晚时分家人正在吃饭，忽然闯进一帮强盗，把全家人捆绑，赶出房外，将所有贵重东西全部拿走，然后封上大门。这时候魏敬拼命呼救，从墙上跳进来一个和尚。强盗走了，一朵祥云从天上落地，上面站着如来佛。如来佛用手一指，和尚的衣服穿在魏敬身上，就在他诧异时，被夫人叫醒了。魏夫人觉得夫君和佛祖有缘。事后，魏敬在夫人建议下，决心造佛，他集资官民合办，很快就在重庆府大足县选好地方，又招募全国著名工匠进行雕刻。被招来的工匠中，有一雕刻世家姓富，父亲富金，长子富达，次子富通，两个儿子应招。富达刚新婚，撇下妻子莲芳，前去工作，这一别就是三年多。莲芳思夫心切，连夜去找富达。小叔子富通领着她来到一山岩下，含泪说道："就在这里，哥哥凿石的时候，忽然被上面掉下来的大石头砸……"莲芳一听当即昏过去，醒来后她朝着山崖拜了又拜，说罢就撞在石壁上，命归黄泉。富通的哭声惊动众工友，在大家帮助下富通将莲芳和富达合葬。大家认为莲芳是贞洁烈女，一致推举富通把嫂子的形象雕刻出来。富通仿照观音形象认真雕刻，两个月后，一尊数珠观音像就雕刻完成了，只见她头戴宝冠，身着裙裾，飘带舞动，手提数珠，胸挂璎珞，左手轻握右腕，赤足站在莲台上，后饰椭圆形背光和火焰顶光，表情丰富，亲近可人。造像竣工后，魏敬前来察看，当看到这尊数珠观音像时，不住地说"妙极了"！激动之时，他长跪在地，磕头谢罪，很多人都说这是佛祖驱使他来给昔日的莲芳、今日的数珠观音来谢罪了！

每一尊塑像背后都有一部心灵史，每一块山崖石头都凝结着血和泪。石窟造像与其说是精神供养，不如说是心灵救赎，它的发念、雕刻、供奉、拜谒，包括时至今日的保护、维修，都是引导我们不断地走向自己，回归本心。

就像文学巨匠曹雪芹，传说他写《红楼梦》"披阅十载，增删五次"，经历从荣华富贵到家族败落，从贵族闲人到布衣书生，后来一度流落民间，走上街头乞讨，甚至摆摊靠给人写状子、糊风筝谋生。他边回忆青春边自我忏悔，所以《红楼梦》也是他的忏悔录。如他在开卷中自述："我之罪固不免，然闺阁中本自历历有人，万不可因我之不肖，自护己短，一并使其泯灭也。"因此，他落笔之时，必是弃绝世俗，慈心柔肠，必是蘸泪为墨，字字沥血，把自己摆进去，摆进大化之间，在与宇宙对话中进行自我救赎。

千佛崖上探寻生命本真，我看到的是更加沉重的肉身和更加艰难的修行。

第五章

≈

在兴国禅寺，我许下一个心愿

　　济南城里泉多，千佛山上寺多。位于千佛山半山腰的兴国禅寺，是千佛山历史最悠久的寺庙，创建于隋开皇年间，最初名为"千佛寺"，唐贞观年间改称为"兴国禅寺"。禅院深邃幽静，殿宇重重，错落有致，是著名的佛教圣地。整座寺庙迤逦山腰，古朴庄严，是千佛山的主体建筑。

　　我们沿着千佛山西盘山路拾级而上，经过古木掩映的唐槐亭，穿过"齐烟九点坊"和"云径禅关坊"，就缓缓来到兴国禅寺的院门。到寺里参观须经过"云径禅关坊"，而匾额正面书写的"云径禅关"四个字，让人陡生敬意，想一探藏于深山的千年古刹的秘密。这里的禅关，是指寺院。云径禅关是说

云径禅关坊　张泉刚/摄

寺院高入云端，佛
门清幽，游人至此
进入佛门净地。回
头而望，牌坊背面
是"峰回路转"。
"峰回路转"则出
自宋代大文学家欧
阳修《醉翁亭记》
"峰回路转，有亭
翼然"佳句，借
以形容此处地势险

峰回路转

峻，路径曲折迂回。峰回路转在此一语双关，启迪我们面对人生困境时，转换
一下视角，就会峰回路转，柳暗花明。

只见兴国禅寺寺门门楼的黑色大理石上，镌刻着中国佛教协会原主席、书
法家赵朴初先生题写的"兴国禅寺"四个金色大字，苍劲浑朴、端庄有力，使人
看后心生肃穆。寺院青瓦红柱，殿宇雄伟壮观，游人进进出出，里面香火缭绕。

一座寺庙的几多变迁，也是一座城市的涅槃重生。兴国禅寺的前世今生，
也是一个地方的历史见证。诗人于坚在《昆明记》中写道："在我的教育中从
没有人像谈论巴黎圣母院或印度神庙的口吻谈论过筇竹寺。后来我读艺术史，
甚至亲自前往艺术史提及的某些地点瞻仰那些伟大的杰作，我知道雅典的神庙
是伟大的，知道西斯廷教堂是不朽的，我知道大同的云冈大佛；在比利时的根
特，我被大教堂里那些犹如活人的雕塑激动……但筇竹寺给我的印象，不过是
一处省级重点保护文物而已。"同样，在我的成长中也从没有人像谈论西方神
庙那样谈论过兴国禅寺，但它的确是一座意义非凡的心灵居所，置身其中的感
动，并不比在博物馆或艺术馆里面对那些西方雕像的触动要少，抑或是说它本
身就是一座艺术的殿堂，只是很多人缺少发现的眼睛。

从明代刘敕的《咏兴国寺》一诗中，我们可以窥见当年古香古色的山寺

"千年古刹" 兴国禅寺　周博文 / 摄

之美和幽深之境，"数里城南寺，松深曲径幽。片湖明落日，孤蜂插清流。云绕山僧室，苔侵石佛头。洞中多法水，为客洗烦愁。"清朝嘉庆至咸丰年间（1796—1860），朝廷对兴国禅寺加以修葺，增建了观音殿等建筑，奠定了寺庙的格局和规模。兴国禅寺内的殿宇亭廊，

兴国禅寺楹联

错落有致，钟声盈耳，环境超凡脱俗。古往今来，寺院翠柏茂盛，钟声盈耳清悦，香火云烟缭绕，深山古刹名起，众多寺院宗教人士慕名前来参观和交流，其中不乏四川峨眉山、安徽九华山的高僧以及国外的高僧和名士。

现在兴国禅寺有七座殿堂，分四个院落，禅院深邃幽静。东面山墙嵌有赵朴初题写的"齐鲁青来"石刻。大门两侧有一副楹联格外引人瞩目，为清末秀才杨兆庆所书："暮鼓晨钟惊醒世间名利客，经声佛号唤回苦海梦迷人。"

鼓楼

钟鼓二楼

这副劝世楹联，不知锁住多少游人的目光，点醒着多少朝拜者的心灵，又使多少功名利禄者幡然醒悟？在我看来，暮鼓晨钟，是横渡欲望之海的节制，是跨越精神迷障的超然；经声佛号，则是津度众生出海的摇篮，是引渡红尘情欲的舟子。记得有个经商的朋友，请人把这副楹联写成书法作品，装裱后挂在书房里，以经常反观自身。事实上，他人的"劝"，外在的"度"，不过是一艘空船，最重要的是你内心诚笃的发愿，发愿才能觉知，觉知方能清醒，继而抵达生命的彼岸。

兴国禅寺依山而辟，地势不是很开阔。进门两侧，可见钟鼓二楼矗立，两楼与门楼连为一体。迎门，弥勒佛笑迎天下客。

在兴国禅寺西门台阶下方，有一处乾隆御碑，此碑呈长方形，碑头双龙戏珠，碑座游龙祥云，一派帝王气魄，碑身上是乾隆皇帝登千佛山所书《千佛山极目》。清乾隆十三年（1748）皇帝弘历来历城（今济南）游玩，登上千佛山，看到青翠峭拔的山峰、姿态各异的石佛不禁诗兴大发，留下了这首《千佛山极目》：

分干自岱宗，冈峦雄且秀。
历城作南屏，洪荒判早就。
偶来恣揽结，望远欣所遘。
驻辇傍云关，步屐跻萝岫。
初无五丁斧，石佛谁所镂。
拈花或龈笑，悲物或眉皱。
其下有空洞，淙淙出乳窦。
精室筑左侧，琴书芳润漱。
两树丁香花，芳菲绿阴茂。
开窗纳烟霞，俯槛睇锦绣。
泰麓巢云处，延赏既已富。
探奇复得此，坐久消清昼。

因悟境无穷，骋怀难尽副。

从这首诗中不难看出乾隆皇帝对千佛山的喜爱和赞扬，"千佛山乃泰山的余脉，山势雄伟秀丽。作为济南南部屏障，开天辟地以来就已经存在了。偶然的机会来这里，恣意停留，所看到的景物都使我高兴。停车依傍云径禅关，步行在长满草木的山峦，我不禁感到疑惑，当初没有传说中的五个力士的神斧，是谁雕刻了这些石佛？有的拈花露齿而笑，有的悲天怜悯皱着眉头。佛像下面有一空洞，洞内有淙淙泉水。寺舍建在洞之左侧，两束丁香开得正盛，香气浓郁，枝繁叶茂。打开窗子让霞光照进屋子，倚着栏杆俯视风光锦绣的美景。远眺泰山北麓的山峦深处，那景色更加丰富多彩。寻求奇景来到了此地，不知不觉消磨了冷清的白昼。恍然顿悟，要想观尽天下美景，那是难以做到的"。

乾隆御碑

北侧长廊内壁间，嵌有董必武、郭沫若等人的石刻碑廊。郭沫若《登历山》诗曰："俯瞰齐州烟九点，踏寻崖窟佛多尊。半轮新月天心吐，一片东风扫雪痕。"与长廊相对，南侧千佛崖上镌刻多尊佛像。山崖之上由西向东依次有龙泉洞、极乐洞、洞天福地石坊、对华亭。其中对华亭（又称一览亭），原为一座明代建筑，因面对华不注山而得名。实际为一层的三间厅堂，半壁花棂，建在高出寺院10米的峭壁间。这里背山面城，幽静空灵，原来是僧人坐禅习静、讲经说法的地方，也是登高眺望济南山光水色的好去处。

在兴国禅寺东门外的南侧石壁上，镶嵌着一组十分珍贵的碑刻，共十二

"十二屏风"碑刻

　　块，系清代山东巡抚丁宝桢所书。据记载，"十二屏风"碑刻立于清朝光绪元年，碑文由济南太守石小南所撰，字则由晚清山东巡抚丁宝桢所书，字体行楷，笔力遒劲雄浑。碑刻内容极为丰富，山川鸟兽、风月烟花无所不有。

　　大雄宝殿在寺内东侧，坐东朝西，雄伟壮观。殿内正中莲花宝座上，供奉着释迦牟尼塑像，两侧菩萨、罗汉侍立。释迦牟尼塑像背后，南无观世音菩萨面东站立，左右侍童子。玉佛殿位于大雄宝殿北侧，坐北朝南，殿中央佛龛内供有释迦如来。玉佛殿西侧佛龛内供奉阿弥陀佛，东侧佛龛内供奉药师佛。大雄宝殿南侧是菩萨殿，坐南面北，中央龛内供观世音菩萨，东西两侧为地藏菩萨、千手观音菩萨。门前两侧也有一副楹联："千处祈求千处应，苦海常作度人舟。"菩萨殿西侧为达摩殿。天王殿、大雄宝殿、弥勒佛、莲花座，看着，想着，我恍若一脚步入莲华的庄严世界中，耳目清净，身心俱足，在大殿前我双手合十，低首拜谒，默默许下一个埋藏已久的心愿。一个人似乎要走过很多弯路，才能真正放下偏执，懂得无常，有了觉悟的心，对宇宙、对天地、对生命才有本质的思考。佛教分为"小乘"和"大乘"，对应自身、众生，由己身到众生，这正是修行所在。

正如余秋雨在《泥步修行》中的内心独白："我本人曾寻着他（指释迦牟尼）当年的路程，从尼泊尔的出生地到印度的苦修洞、菩提树下的彻悟处，再追到初次弘法、招收徒众的鹿野苑。在鹿野苑的讲台遗址我流连很久，心想佛祖从这里'初转经轮'开始，就终身讲述，终身传道，处处破惑，惠及世界，为人类两千五百多年漫长而又艰难的岁月，加添了多少宁静和慈爱。因此，这是一种具有大担当的宗教，难怪所有寺庙的中心都称作'大雄宝殿'。所谓大担当，就是凭借大思维，面对大世界，解决大难题。"我想，佛法的高深也是在此，以雕塑、壁画、浮雕、石窟、碑刻等形式传递方便法门，往往充满善与恶、神与魔，两端张力，指向人性，供经过之人去会心顿悟。

从兴国禅寺出来，我不禁联想到《碧岩录》中的一则公案："古印度有十六开士，于浴僧时随例入浴，忽悟水因，诸禅德作么生会？他道：'妙触宣明，成佛子住，也须七穿八穴得。'""忽悟水因""妙触宣明"，开始读的时候，我不太理解，只觉得这几个字太美了，就提笔一遍遍地写。后来，曾经我与死神擦肩而过，涅槃重生，自己慢慢开悟了，原来生命个体和世间万物都

兴国禅寺方丈室　周博文/摄

有自愈的能力，凡夫肉胎投到这个世上的那一刻起，体内便注入了自愈的种子，这是多么大的恩典啊！所以，"水不洗尘，亦不洗体，而是以息相触，故能自己净化"，以息相触，乃生命的本真。原来，超脱是心灵的翻转，是生命的流动，更是"以息相触"的种种美好。

千佛山，是以悠久灿烂的舜文化、佛文化而闻名于世。寺院内那几株苍绿挺拔的古柏，高耸入云，与天地对话，轻轻叙说着万千世界的因缘与美好。在兴国禅寺，我们能真真切切地领略"深山藏古寺"的意蕴。

第六章

卧佛：穿越千年的微笑

卧佛 周博文/摄

在千佛山主盘山路和通往万佛洞路的交界处，有一尊卧佛格外醒目，是佛祖释迦牟尼的侧身卧像，于1996年12月建成。有一次，我在观光车上远望这尊佛像，东西横向，头朝东、面朝北，右手托于头下，身穿通肩大衣，通体充满金光，顿觉有种置身佛国的神圣感。后来，从观光车上下来，近距离打量，从介绍资料上知卧佛为花岗岩质，长10米，重达50吨。只见这尊佛像头为肉髻螺发，双耳垂肩，眉目修长，双眼微睁，胸前饰有寓意祥瑞的"卐"字，给人以慈祥和悦目的亲切感。

卧佛的专业名称是释迦涅槃圣迹图，在全国景区分布比较广泛，如果列一个中国卧佛排行榜，大体是这样的：浙江新昌大佛寺的亚洲第一卧佛双林石窟卧佛、四川省安岳县卧佛院卧佛、重庆合川钓鱼城悬空卧佛、福建沙县淘金山定光石雕卧佛、江西省弋阳县巨型岩雕卧佛等。千佛山景区里的卧佛虽说不是规模最大的，但是离市井最近，最具烟火气。游览柬埔寨吴哥窟时，蒋勋先生去巴方寺赶上正在维修，无法一睹殿后西侧的巨大卧佛，他就通过法国人出版的图册进行了解。图片上的卧佛是用无数石块堆砌成躺卧的人形，眉眼没有细雕，朴拙浑厚，但是穿越千年的微笑，依然直抵心灵深处。这微笑，蕴藉着时间的力量，传递出涅槃的沉思，迤逦出未来的希望。涅槃，就是脱胎换骨，就

千佛山的宁静空间　周博文 / 摄

是自我救赎。樊锦诗先生也喜欢卧佛，她最钟爱敦煌中唐第一百五十八窟的卧佛，每当心里苦闷时，都忍不住想走进这些洞窟，瞬间忘却很多烦恼。

我喜欢卧佛，喜欢他的慈祥和自在，盯视久了，就会觉得自己的内心也有一座卧佛，充满欢喜，和蔼可亲，再多的烦忧或痛苦也会瞬间消融，再多的委屈或怨恨也会烟消云散。佛就卧在那里，他提醒我们要放下，要舍得。

我在朋友的办公室里曾看到一幅书法——《舍德》，很是耐人寻味，似乎是意味着有大的舍得才能堪称大德之人。然而，放下与舍得从来不是容易的事情，嘴上放下易，心灵放下难，甚至需要一生去修行。世俗喧嚣，那些痴缠、那些固执、那些功名，都是我们修行路上的障碍。这让我想到敦煌学奠基人常书鸿先生，他生前曾说过："我不是佛教徒，不相信转生。不过，如果真的再一次托生为人，我将还是常书鸿。我要去完成那些尚未完成的工作。"与其说他是为敦煌而生，不如说他把青春和生命毫无保留地奉献给敦煌，他的放下、他的舍得，正是吸收佛教文化精髓的同时更好地服务于当代社会的典范。

舍身经变的故事，在原始佛教中还有很多。但是，由"尸毗王割肉饲鹰救鸽"的佛教故事，我重新读懂了卧佛，领悟到"一切难舍，不过己身"的真谛。平日里我们对路边乞讨者的施舍，对老弱病残的帮助，对突遭意外者的同情，那些都是小舍，真正的舍得是感同身受的慈悲，是勇于牺牲自我的精神，就像庚子年疫情发生后那些驰援湖北的白衣战士，"医者，此去欲何？""战病疫，救苍生！""若一去不回？""便一去不回！"所谓舍得，一切皆为心灵的翻转，一切皆是灵魂的净化。面对卧佛，我领悟了他卧在那里的深刻意义——他以轻松自如的姿态、慈祥温柔的面容、悲天悯人的情怀，传达出一种穿越时空的精神力量，那就是生命的忘我性和彻底性。所以，舍得也好，放下也好，最高境界是"彻底"二字，这正是我们不断历练和省思的地方。

"我们哭着降临世界，却可以笑着走向永恒。"今天，我们完全可以这样去理解：穿越千年的微笑是一种精神启示，因为对生命不忍和宽容，佛的眉宇之间才会流露悲悯，嘴角始终绽放淡淡笑容，那一抹笑容淡到不易觉察，常常让人忽略——这正是教给我们生死不惧怕，温柔有力量。

第七章

齐烟九点望神州

游览千佛山，高高矗立的牌坊是不可忽略的人文风景，比如，"洞天福地"牌坊、"云径禅关"牌坊、"齐烟九点"牌坊。其中，"齐烟九点"牌坊最负盛名。

牌坊属于佛教寺院建筑的附属建筑，与石狮子、供养塔、放生池、大木钟鼓架、石碑与碑刻等属于同类匹配建筑。一般来说，寺院牌坊分布在三种位置：一种是山门前端，这种牌坊可以扩大寺院的空间，从而使寺院更加壮观；第二种是寺院院内，大多位于大雄宝殿前面，这种牌坊一般做三间，一高两低，以木结构为主；还有一种是位于寺院东西两侧。牌坊坊额题词，多为描绘水光山色的妙语佳句，可以赏心悦目。千佛山景区里的这三大牌坊，各有深意。

先说这"洞天福地"牌坊，它位于兴国禅寺内，始建于清乾隆五十六年（1792），为石质二柱一楼式，坊额嵌有"洞天福地"四个字，为兵部尚书、山东巡抚江兰丹书写，意为神仙居住的胜地。远处仰望，可见石坊飞檐起脊，拱下额坊分别刻有二龙戏珠、狮子滚绣球等浮雕，典雅、美观、大方。牌楼不大，但造工精细，构筑严谨，是兴国禅寺中古代遗存建筑中的精品。

再说这"云径禅关"牌坊，位于兴国禅寺西门外，始建于1747年，据说是为乾隆游千佛山在此驻辇而建造。牌坊为木质材料，四柱三楼式，只见斗拱交错，雕梁画栋，丹柱青瓦，出檐起脊，彩画古雅，极具民族风格，在济南一带比较罕见。

相比之下，"齐烟九点"独独与众不同，就像"飞来峰"，给人俯视天下的精神审美。

沿着千佛山西盘路中段唐槐亭之上的转折处，在苍翠幽静的松柏之中，抬头可见一座飞檐丹柱的二柱一楼式牌坊，坊前的匾额有"齐烟九点"四个大字。坊后的匾额写有"仰观俯察"，典故出自晋代王羲之《兰亭集序》中"仰观宇宙之大，俯察品类之盛"。"仰观俯察"四个字取自《兰亭集序》书帖，放大后刻于匾上。在此既可"仰观"山峰之秀，又可"俯察"城池之美，从而使游人心生荡云，豪气满怀。"齐烟九点"牌坊始建于清道光二十五年（1845），由历城知县叶圭书建造，牌坊正面匾额上"齐烟九点"四个苍劲秀润大字，亦为叶圭书题写。"齐烟九点"，出自唐代著名诗人李贺的《梦天》一诗："老兔寒蟾泣天色，云楼半开壁斜白。玉轮轧露湿团光，鸾珮相逢桂香陌。黄尘清水三山下，更变千年如走马。遥望齐州九点烟，一泓海水杯中泻。"

　　李贺，字长吉，祖籍陇西，生于河南福昌县（今河南洛阳市宜阳县）昌谷。在中国文学史上，李贺与李白、李商隐并称为唐代"三李"，有"鬼才""诗鬼"之美称。用今天的话说，李贺就是个"凤凰男"，少时家境贫寒，酷爱读书，每逢他外出时，都会背着一个破囊，"灵感忽至，得诗句也"，便写好投入囊中，暮归回家即成诗篇，"非大醉及吊丧日率如此"。新旧《唐书》对李贺的诗才高度称赞，说他"七岁能辞章""手书敏疾，尤长于歌篇"。虽说家道中落，但李贺志向远大，勤奋苦学，博览群书，顺利通过河南府试，获得乡贡进士资格。然而，李贺的竞争者忌才妒能，说其父名晋肃，当避父讳，不得应试进士。当时，名倾朝野的韩愈为此鸣不平，为李贺辩解道："父名晋肃，子不得举进士，若父名仁，子不得为

浑厚古朴的双柱单檐洞天福地石牌坊

极具民族风的出檐起脊云径禅关牌坊

位于山道转弯处的齐烟九点牌坊 周博文/摄

人乎？"最终，李贺仍无缘科举考试，成为怀才不遇的短命诗人，死时年仅27岁。

很多时候，一句诗就能够钦定乾坤，揽抱山河。比如，杜甫的"岱宗夫如何？齐鲁青未了"，成为诗咏齐鲁大地的千古名篇。而李贺的"遥望齐州九点烟"中的"齐烟九点"后来是怎样成为著名景观的呢？一切要从头说起。

齐州，古代指的是中国，那时中国分为九州，李贺认为，大地上的九州犹如

坊后匾额"仰观俯察"

九点烟尘；而"一泓"意为一泓水，形容东海之小如同一杯水打翻了一样。由于济南在隋代和北宋时期称为齐州，清代建坊者便借此诗造景，描绘济南北部的山景，意谓立足于千佛山上北眺，可以看见城北十余座孤立的山头。从此，"齐烟九点"成为关键词，点睛着一座城市的精神诗眼，引来无数文人墨客吟咏和传诵，以齐烟九点为命题自由发挥创作。清代萧培元在《登千佛山岩远望》中记叙："翠嶂摩天雨气

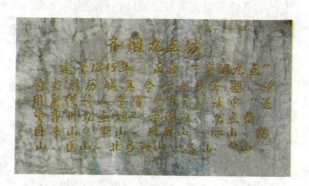

齐烟九点坊题记

收，登高下视古齐州。一城树影青铺地，九点烟痕绿上楼。"有人远望，有人晚眺，清代尹廷兰在《千佛山晚眺》中赞美："丹崖翠壁梵王居，金碧楼台晚照余。九点齐烟天尽处，半城秋水雁来初。"可见，"齐烟九点"早已成为植入人们心底的精神版图——既有地理意义的指向性，也有心灵层面的诗意性。

除了李贺的诗句，"齐烟九点"在民间还有一个典故。清人王贤仪在《家言随记·卷三·辙环杂录》中记载："叶芸士邑侯于半山立坊，刻'齐烟九点'四字。或言剜场东西号口皆挂红灯笼，龙口挂大灯笼。自千佛山望之，如两龙攀珠。有宿山特观者，第见烟树迷蒙，火光一道。"这段记叙再现了千佛山的夜景，夜色下立于山顶俯瞰城市，更加引人入胜，美轮美奂。

有一次，我与外地朋友同游千佛山，有人对"齐烟九点"牌坊颇感兴趣，不住变换方位拍照，又刨根问底地问道："齐烟九点究竟是哪九点呢？"清同治年间文人郝植恭在《游匡山记》中说道："自鹊华而外，如历山、鲍山、崛山、粟山、药山、标山、匡山之属，蜿蜒起伏，如儿孙环列，所谓'齐州九点'也。""如儿孙环列"，甚是生动活泼。提及"齐烟九点"，通常指的是自千佛山"齐烟九点"牌坊处向北望所见的十余处孤立的山头，由东向西依次为卧牛山、华山、黄台山、鹊山、凤凰山、标山、北马鞍山、药山、粟山、匡山等。与连绵不断的南山相比，这些山像是从南山大院里偷跑出来玩耍的儿童，跑到城北黄河两岸，因迷恋大河的波涛而忘了回家的路，留在河边的平原上。"齐烟九点"这些山多因山形而得名，山势高低不一，各具奇姿之美，有的山石独秀，有的岩壁横展，有的山峰如标，有的貌似马鞍，有的袖珍如粟米，有的树木葱茏……云雾润蒸秀润，山岚烟雾萦绕，形成少见的人文景观，所以此景被诗化为"长河一线，齐烟九点"。值得一提的是，"齐烟九点"这个"九"字，泛指数量之多，景色俱佳，并非实数，这一点在清代文人王培荀《乡园忆旧录》第四卷中得到印证，"城北诸山，排列如螺，鹊、华外，其余烟环拥翠，如列屋争宠，妒彼峨眉者，盖以十数"。

伴随城市生态建设大步推进，这九座山现在大都成为市民和游客随时打卡的山体公园，"齐烟九点"也成为掩映在绿水青山之间的文化符号。有意思的是，天桥区占了六点，包括粟山、北马鞍山、标山、凤凰山、鹊山、药山。"齐烟九点"有三点与"诗仙"李白有关，分别是匡山、鹊山、华山。

我曾多次游览药山、匡山、标山，揽尽山顶风景，眺望半城山色，抒发胸臆豪情。匡山海拔80米，位于城区西北隅济齐路上，是"齐烟九点"中最西边的一点。最初，此山因"山石方隅，皆如筐形"而得名。明代在这里设立"筐山铺"，作为传送各衙公文的地方，当时有辅司、辅兵五人，后来觉得"筐"字太土，遂改名为"匡山"。正门牌坊为石质，四柱三门冲天式，气势恢宏，牌坊背面嵌有"石灵山秀"字样。

刚得病那会儿，父亲经常带着我去匡山散散心，我之所以心心念念，因为"太白读书处"就在那里，仿佛要从中汲取某种力量。据史料记载，匡山上多酸枣、构树、木荆等灌木丛，从山下仰望，蔚然深秀，苍翠可爱。我喜欢这里的清净，人不多，都是附近居民，把这里当成家门口的休闲之地。沿着匡山南麓拾级而上，可见一块椭圆形的大石碑，目测三米多高，石碑中央刻有"太白读书处"五个红漆大字，左下方落款题曰："甲子仲秋朱庆澜。"朱庆澜为清末秀才，因崇拜"诗仙"李白，1924年在此处设石题字。一个文化人的精神仰

匡山

望，就这样成就了一段以讹传讹的历史佳话，从此，"李白读书处"传开。

或许，有人会问：这里不是有个"李白读书堂"吗？我也曾疑惑不解。其实，这段以讹传讹源自杜甫写过的一首诗《不见》："不见李生久，佯狂真可哀。世人皆欲杀，吾意独怜才。敏捷诗千首，飘零酒一杯。匡山读书处，头白好归来。"字字句句，氤氲出发自肺腑的渴慕。不仅如此，这样的记载不胜枚举，诗人元好问在《济南行记》中写道："匡山，齐河路出其下，世传李白读书于此。"元人于钦在撰写的《齐乘》书中说道："历城北有匡山，世传太白读书于此。"郝植恭《游匡山记》曰："再北为李太白读书堂，云是太白旧读书处。"朱彝尊《济南竹枝词》云："三载齐东留潴日，愁看李白读书山。"任弘远更是作诗《登匡山怀李白读书处》："匡山云壑内，太白有高台。"这使后人感觉云山雾罩，不知李白读书处究竟是真是假。其实，好山好水的地方从来不缺少故事，很多时候，探幽不尽的不是历史，而是"我们自己身在何方"。

后来，向当地人求证，山上曾有一处"匡山禅林"，传说始建于唐代，历代皆有重修，毁于1948年。有禅林的地方就有寺庙，郝植恭《游匡山记》中有记载"山巅有寺"，远远就能望见，入门为前殿，祀水官；后为正殿，祀碧霞元君。山上建有佛、道教徒居所，设有前殿、后殿，殿内供奉碧霞元君，即道教所供奉的神；正殿西面是佛堂，供奉释迦牟尼，再往西有一座院子，院里有一块白虎石。郝植恭去的时候，东院北堂三间房正在修，当时的监修者请他喝了茶，西禅堂还没有上漆，"西南有窗，临绝壁，开轩远眺，西则平畴，曼衍如棋罫。东南千佛诸峰，如拱如立，层峦叠嶂，缥缈如在云霄间"，令他"流连顾盼者久之"。

相传，李白就是在济南加入道教的。张炜先生在《也说李白和杜甫》中说道，李白是一个拿到了执照的真正的道士，通俗地说就是"持证上岗"的道士，这是他高于杜甫的地方。李白拿到"执照"，是经李彦允介绍，跟一个叫高如贵的道士接受道箓。所谓道箓，就是一个庄严的宗教仪式，先筑一个坛，然后七天不吃不喝，围着这个坛转圈，双手背在后面。而李白举行入道仪式，

正是在齐州高如贵的治所。当高如贵要回北海时，李白特意设宴饯行，并作诗《奉饯高尊师如贵道士传道箓毕归北海》相赠。直到晚年，他依然对炼丹情有独钟，有诗为证："云物共倾三月酒，岁时同饯五侯门。羡君素书尝满案，含丹照白霞色烂。余尝学道穷冥筌，梦中往往游仙山。"炼丹是过程，也是抵抗死亡、寻求自由，从而走向长生不老的修行。那个叫徐福的怪人，在齐国海边长大的大男孩，曾率领三千童男童女、大批能工巧匠东渡日本，成为后人探究不尽的千古之谜。回到李白，他最终修仙未成的遗憾与落寞，"此心郁怅谁能论？有愧叨承国土恩"，实际上是突破自我的失败和灵魂永生的破灭。由于典籍和史料说法不一，李白是否在匡山加入道教有待进一步论证，但是李白的确到访过济南，这无疑给人们留下想象和发挥的空间。以讹传讹，留下一段美丽动人的传说，仰仗于李白，也与济南"一城山色半城湖"的秀润底色密不可分。清代王大堉主张不必如此较真，将错就错又何妨，"读书昔有李谪仙，或论居此或非焉。斤斤考古我厌闻，青莲有知应觳然。世间风雅多好事，不妨附会以流传。况乎华不在咫尺，游咏昔有青莲篇。嗟哉拘墟限实境，不见雪里鸿飞痕已造。""况乎华不在咫尺"，他说的正是"齐烟九点"之一的华山。

华山是最诗情画意的山，孤峰插云，气度风雅，凡来过一次的人就会爱上她，连同这座山连缀的华阳宫、吕祖庙、华泉、真武庙遗迹等都会让人探幽不尽。朋友告诉我："游览过很多地方，欣赏过高低不等的山，华山最容易让人记住，它远离喧嚣，独成一景，登临峰顶眺望半城，碧波荡漾，洗眼洗心，太惬意了！"是啊，这种感觉就像我第一次读孔孚先生的《飞雪中远眺华不注》的兴奋，"它是孤独的／在铅色的苍穹之下／几十亿年／仍是一个骨朵／雪落着／看它在使劲开。"好像我自己也跟着使劲开，成为华山的一部分。

上小学时我就知道，诗人李白登临过华山，留下"昔我游齐都，登华不注峰。兹山何峻秀，绿翠如芙蓉"的诗篇。后来，父亲骑着自行车带我去过几次华山，他说，华山虽海拔只有197米，爬起来却颇感吃力，实在小觑它了。多年后，走上文学创作道路，我一头扎在本地历史典籍中，看山看水结名士，秦琼"忠勇双全"，闵子骞"鞭打芦花"，辛弃疾"挑灯看剑"，还有终军"愿受长缨"家国情，闭上眼睛犹在眼前浮现的是苍翠湿人眉眼的华不注，我对这座山肃然起敬，仿佛穿越历史长河，感受一座山的情深意长。

如果泉水是开在大地上的花朵，那么华山就是绽放在众泉之上的青荷。

华山：绽放在众泉上的青荷

先看这朵小荷的诞生地：历城。南依泰山，北靠黄河，6 500多年前，这里就有先民居住，2 100年前西汉时期，历城设县；斗转星移，四季更替，走过西周、战国、西晋、唐宋，明朝年间，这里坐落成山东省政治中心。民国时期，年过六旬的康有为专程游览华不注，不禁兴叹："遥望此山如在山中，盖历下城绝胜处也，南京钟山紫金峰，北京翠微山、煤山，扬州的七里山，苏州的横山，然山水之美皆不若华不注也。"他建议"城宜移都会于华不注""不十年，新济南必雄冠中国都会。"没想到的是，这浓墨重彩的一笔，竟为历城蓝图埋下伏笔，也是济南之幸。

历史的浮光掠影，见证着华山的成长烙印。华山是她的乳名，大名"华不注"。《历城县志》记载："华不注山，独立平楚中，秀削孤清，苍翠湿人眉眼。"湿人眉眼，更启人心地——"齐之山川，独华不注最知名。"她称得上这样的盛名。她从《诗经》中走出，"常（棠）棣之华，鄂不韡韡"，"华"同"花"，"鄂不"即"萼跗"，指花蒂，意味此山如花付诸水中。水呢，自然是鹊华湖，"湕水出焉，东流注于泽"。唐宋时期，从城北到清河南岸形成大面积水域，时称"莲子湖"。诗意的名字，铺展出一幅中国水墨画，芦苇袅袅，荷塘稻香，水村渔舍，赛过江南，引来无数名士争先乘船前往，当时成为济南的游览胜地。李白游兴大浓，即兴赞美，"湖阔数十里，湖光摇碧山"；曾巩流连忘返，"虎牙千仞立巉巉，峻拔遥临济水南"；施闰章登高寄怀，"峻嶒孤障逼天愁，绝顶横看沧海流"；元好问倾情而书，"华山正是碧芙蕖，湖水湖光玉不如"；王恽更是对此情有独钟，他从水文角度观察，"悉为稻畦莲荡，水村渔舍，间错烟际"。

再说这朵小荷的成长史。她见过大世面，经过大磨难，战国时期这里发生齐晋鞌之战。据《左传·成公二年》记载，公元前589年，晋、鲁、卫、曹四国使臣出使齐国，齐、晋反恶交战，齐顷公因骄傲轻敌大败，被晋师追赶绕华不注三周。危急关头，齐将逢丑父与齐顷公互换衣服和位置，以便不能逃脱时蒙混敌人。然而，逢丑父的车跑到华泉附近时，被树枝挂住而让敌人追上。逢丑父命令齐顷公下车，去华泉取水喝，齐顷公借此才逃脱了被俘虏的命运。

其实，我听很多人讲过这段历史，大都千篇一律，真正触动我的还是一位年过七旬的长者，他家就住华山脚下，熟悉这里的一草一木。他怀念绿波绕山的过往，叹息湖水退缩华泉淤塞的黯淡，熟悉华阳宫供奉四季大殿的典故，信手拈来……

"生为华山人，死为华山魂！"长者说得如唠家常，我听得却是心潮澎湃。只见他从包里掏出一个纸页泛黄的笔记本，上面的字迹密密麻麻，全是华山的石刻、碑文。"大约2010年，附近村民打机井，从泥土里发现贝壳和鱼骨，那个位置很可能就是当年的湖底。过去华泉的水好大，不比趵突泉逊色！"说到这里，他脸上的皱纹舒展开来。他扔下烟卷，从石头上用力磕了几下鞋底上的泥巴，语气中流露出别样的自豪感，"这里要大变样！未来从小清河坐船直通华山湖，我盼着那一天早点到来！"他本身就是华山的"活字典"。

"花开莲现，花落莲成"，兴衰转替，梦里芙蓉。这华不注，是永不凋零的荷花，这华阳宫，是济南人的精神密码，这华山湖，是充满诗意的工程——湖水，观照心性；山色，抵达心灵。今日的华山，松柏苍翠，巨石嶙峋，攀岩而上；"凡三息可跻其巅"，伴着气喘吁吁，迎来峰回路转，视野开阔，神清气爽。山路虽窄，但游人上上下下，或附近居民爬山锻炼，或举家登山野炊畅聊，或年轻背包客探险游玩，或摄影爱好者长枪短炮。下山时分，晚霞满天，转身回望，我不由得增添几分敬畏，想起山顶的两块石头，上面刻有"天地独立""日月共存"：人与山、与水，就这样走进慢镜头中，而背景就是古人踏歌而来的一方热土，"龟石""蛇石"沉默不语，华泉依然响着、和着边贡的诗句，祭奠丁宝桢的英魂，这是多么叫人心驰神往的精神家园！

此刻，我想起《鹊华秋色图》，绿荫丛中，两山突起，山势峻峭，遥遥相对，那美景早已镌刻在我心底。此画为元代书画家赵孟頫为安抚朋友周密所画。一天，赵孟頫和好友们相聚在一起饮酒作诗，说起游览过的名山大川，他对济南的山水盛赞不已，提及鹊、华二山，一座浑圆敦厚，一座高耸入云，两座山峰形态迥异，穷尽山之俊美巍峨，众人为之神往，唯独周密低头不语。赵孟頫询问后

鹊华秋色图

才得知内情。原来周密祖籍是齐州历城，却从未到过老家。赵孟頫为解好友的乡愁，凭着脑海中的记忆，挥笔完成《鹊华秋色图》，后来成为传世名作。

其实，一切都没有改变，变化的是无常的人世和复杂的心境。就像华阳宫兰桥古井絮絮讲述的悲苦爱情，就像发生在吕祖祠"吃了和尚饿死狼"的神秘传说，民间故事传诵不衰，华山的前世今生，也在不断重写——我们的每一次登临就是重写，在重写中面向未来，馥郁心田。

说完匡山、华山，不得不提鹊山。鹊山位于黄河北岸，来历有两种说法。其一，相传因神医扁鹊在此炼丹而得名。当年，扁鹊在鹊山脚下采药行医，死后人们给他立了衣冠冢以作纪念。扁鹊墓位于赵孟頫鹊山下农家院里，墓旁有1995年新立的扁鹊石碑，刻有清乾隆十八年（1753）重修字样。清代诗人曾写过一首《望鹊山》："蓝舆出郭二十里，向客一峰如鹊起。传闻中有扁鹊墓，草木至今尤未死。"其二，因鸟鹊云集而得名，源自文学家元好问所写的《济南行记》："鹊山每岁七八月间，鸟鹊群集其上，故名鹊山。"鹊山树木林立，葱郁茂密，鸟鹊聚于此地。两种说法，各有千秋，然而，最负盛名的当属李白的到来——李白登临鹊山，诗兴大发，留下《陪从祖济南太守泛鹊山湖三

今日鹊山烟雨依旧

首》诗篇："初谓鹊山近，宁知湖水遥？此行殊访戴，自可缓归桡。湖阔数十里，湖光摇碧山。湖西正有月，独送李膺还。水入北湖去，舟从南浦回。遥看鹊山转，却似送人来。"他和友人泛舟湖上，遥望山水，心情大好，就这样不知不觉中被夜色笼罩，湖光粼粼，草色青青，好像整座鹊山也跟着木桨的摇动晃了起来；水流一路向北，他们从南浦返回，回头一瞥，只见鹊山渐行渐远，却像是跟随船只绕转，护送他们回家一样，那是怎样的可人可心？又是怎样的叫人愈发不可忘怀？鹊山烟雨，就这样入了景，定格住诗人孤独而悲壮的身影。山色青青，近年来经过生态环境整治，碧水蓝天重现，如今的鹊山换了人间，如诗情画意的屏障，架设在黄河北岸，林木青翠，空气清新。红色亭子，诉说过往；山下村庄，云雾缭绕。驻足山脚下，眺望，那村庄仿佛在追赶着滔滔黄河水，一路向东流，流不尽黄河岸边风韵美，诉不尽悠悠岁月济南情。待黄昏时分，鹊山脚下的沉沙池湿地可见一群端着长枪短炮的摄影爱好者，他们聚精会神，安静地蹲守，个个仿佛披着晚霞，只为捕捉到鸟鹊飞过的最美瞬间。慢慢地，落日在水面上融化，金光灿灿的水波，恍若哪个神仙施了魔法，天空中云雀叫了一天，光明像翅膀一样停在我的心里，蓦地，我领悟了李白的不朽诗行，理解了一位诗人的成仙未遂。大胆设想一把，如果李白重游济南，看今日鹊山鸟鸣欢跃、天鹅引颈高歌、白鹭舞姿蹁跹、苍鹭高空展翅，就连秋沙鸭、黄脚银鸥也是呆萌可爱，如刚放学回家的孩童，他一定会乐而忘返吧？不，他一定选择定居济南，就在这鹊山脚下，择一石屋住下来，闲暇时看烟岚、听泉水、炼炼丹，平日里爬华山、登匡山，或是乘坐游船，要多惬意就有多惬意，诗酒人生，乐尽其中。

游山、玩水、放空心灵，反过头来再审视"齐烟九点"，我徒生莫名的自豪感。济南因泉水而盛名天下，山、泉、湖、城，美不胜收。如果说泉是城的灵魂，湖是城的双眸，那么山就是城的骨骼，奇异而挺拔，妖娆而不俗。最叫人称绝的是山与山之间相互依存，情感笃深，如母恋幼子，似情人之爱，连外国友人也不吝称赞。

清宣统年间，美国传教士聂会东曾到访济南，他后来在文章中写道："（济南）最近的山岭，也是最美丽的山岭之一，即是一大胜地的千佛山，从南城郊城门乘独轮手推车或人力车可轻易抵达。千佛山上有常绿树木，夏季

山对济南城　张泉刚／摄

和冬季均呈现青翠的美丽宁静景色。"他还说道："在晴朗的天气，从佛慧山山顶可看到山东神圣的泰山轮廓，该山南去150里，周围有波浪起伏般的小山环绕。"而现代著名作家艾芜先生也曾登临千佛山山顶，他在《游千佛山》一文中欣喜地写道："你且慢慢爬上山去，越过庙宇，攀上岩石嶙峋的峰头，然后掉回头来，陡然望见盆一样的大明湖，躺在万家烟火的济南城里，带似的黄河，绕在苍茫无际的天野时，这才一下子觉出千佛山之所以爱为游人登临而且成为北国名胜的原因，大约一定是在这里了。"可见，山与山之间隔空相望，如横空竖起的巨大屏风，写意出一座城市的风雅和浪漫。这景色里，蕴藉着"海右此亭古，济南名士多"的千古风流；这山色中，迤逦出李清照漫卷诗书的诗意，辛弃疾挑灯看剑的豪情；这烟雾迷蒙中，氤氲出"日日扁舟藕花里，有心长作济南人"的浓浓乡愁；这生态图景中，安放着"大块假我以文章"的生死关照……"九点"若繁星，星罗分布，熠熠发光；"九点"似花瓣，渐次绽放，芬芳四溢。"齐烟九点"，原来供奉的是天地之间的厚德载物，那种载我以生、载我以死的精神大块，它对我们的教诲是道法自然，顺其自然，融入自然，感恩自然。山与水，就这样水乳交融，挽臂相拥，而我们，每一个置身其中的旅人，则被大自然慷慨无私地拥抱入怀，恍若赤子，这是何等的福泽？

我愈发地懂得，不是我们走向山，也不是我们征服山，而是山容纳了我们，托举芸芸众生。我国台湾作家张晓风的情感独白深得我心，"不是天地需要我们去为之立心，而是由于天地的仁慈，他俯身将我们抱起，而且刚刚好放在心坎的那个位置上。山水是花，天地是更大的花，我们遂挺然成花蕊"。

仰可观苍穹之大，俯可察万物之荣。"齐烟九点"牌坊处，尽揽济南好风光。这是千佛山的振臂邀约，这是济南人的莫大幸福。

第八章

≈

廉士黔娄何以安家历山

有个朋友业余爱好爬山，济南市区城郊的大小山峦都爬过，但他最爱千佛山。他常说去千佛山景区游玩，就像探宝闯关一样，不知道哪个地方就藏着名人古迹，逛着逛着就会邂逅有趣的地方。比如，景区内著名的"三洞"，分别是极乐洞、黔娄洞、龙泉洞，三洞之中，又以黔娄洞最有文化底蕴。

沿着兴国禅寺极乐洞往东走，东侧石壁上就是人工开凿的黔娄洞。洞口上端有一方石刻，题字为"黔娄洞"，小字记叙黔娄的身世：据史书记载，黔娄先生，周代齐人，修身清节，不事王侯。鲁恭公闻其贤，遣使致聘，以为相，辞不受。齐威王又以重金聘为卿，亦不就，隐居于济之南山，凿石为洞（传即此洞），终年不下，著书四篇，言道家之务，号黔娄子。清代济南名士马国翰诗云："话到黔娄子，苍茫问隐踪。"黔娄子是何许人氏？在此隐居"安家"又为哪般？

东晋诗人陶渊明曾在《咏贫士七首》中写道："安贫守贱者，自古有黔娄。好爵吾不萦，厚馈吾不酬。一旦寿命尽，敝覆仍不周。岂不知其极，非道故无忧。从来将千载，未复见斯俦。朝与仁义生，夕死复何求。"这无疑是对黔娄子一生全面而客观的概述和颂扬。

黔娄，战国时期齐国临淄人，是当时有名的隐士、道家学者。出生在贫寒家庭，自幼聪颖好学，少时的他饱尝生活艰辛，早起砍柴，为大户人家放牛，以此换得微薄薪俸，才有机会读书，终成一方名士。

最令后人津津乐道的是他的安贫乐道，洁身自好，不求闻达于诸侯。齐、鲁两国君主都想重金聘请他来朝做官。齐国国君听说有位大德高才，赶忙备下重金，派人上门请黔娄到朝廷做官，聘他为卿。但他坚辞不受。仰慕舜帝之风的黔娄与妻子施良娣来到历山，凿山为洞，过起了隐居生活。施良娣知书达礼，学识渊博，她的父亲是为帝王家进行鬼神祭祀的"太祝"。嫁给黔娄后，施良娣将自己掌握的知识告知丈夫，黔娄整合妻子的意见，对著述《黔娄子》加以充实订正，重新阐明"常的无定便是变，变的有定就是常"的道理。此书轰动齐鲁一带，被士子们奉为圭臬。对国君与卿大夫而言，黔娄正身律己、尊天顺民意的观点对治国安邦也有所启发。黔娄的学说开始在社会上广泛流传。

黔娄洞　周博文/摄

　　齐威王曾亲临黔娄洞请教，为了表示尊重，他远远地就下马脱靴，徒步进洞。后来，鲁国国君听说高德士人黔娄在历山过着隐居生活，立马派人去请他出任鲁国的相国，并赐他三千钟粟，但他立志清守，不慕仕途而拒绝，坚持无功不受禄，不争名亦不逐利，过着淡泊的耕读生活。夫妇二人在历山下田耕作，"晨兴理荒秽，带月荷锄归"，吃穿用度皆源于自己劳作之手，衣服自己纺织，五谷、蔬菜自己种植，夫唱妇随，看花开花落，听山泉鸟语，过着与世无争的生活。后来，黔娄和妻子回到老家临淄，设馆授徒自食其力。齐威王每遇兵败，就来请教。黔娄子授给他秘语，遂使其转败为胜。

　　黔娄去世后，孔子的爱徒曾参前往吊祭，看到黔娄停尸在破窗之下，用白布覆盖，身着旧长袍，垫着烂草席，白布短小，露出脚来。曾参上前把布斜着盖在黔娄身上，这样就能盖住全身了。谁知，施良娣说道："斜之有余，不若正之不足，先生生而不斜，死而斜之，这会违背先生的意愿的。"曾参听后，觉得很有道理，深感惭愧，更加悲伤。此故事对后人大有教益，在民间传为佳话，便有了"斜余不如正欠"的典故。曾参又问："先生之终，何以为谥？"施良娣回答："以康为谥。"曾参大惑不解，问道："先生在时，食不充饥，衣不蔽体，死则手足不能覆盖，棺旁也没有祭祖酒肉，生不得其美，死不得其荣，何乐于此而谥为康乎！"黔娄夫人正色道："先生生前，齐国国君欲聘为卿，但他辞而不为；鲁国国君要任他为相，他同样辞而不受，这算是有余贵吧！鲁国国君曾赐很多粟给他，齐国国君也屡次要予以报酬，他都辞而不受，这算是有余富吧！他虽身贫位卑，但能安于贫贱，愿与天地人间共甘苦，宁愿做平民百姓；他不戚戚于贫贱，也不汲汲于富贵。这些全是为了仁义，以康为谥号，谁能说不合适呢！"曾参听后大为感动："正是因为有黔娄这样的先生，才有黔娄妻这样的好夫人啊！"怪不得后人感叹："天下妇人之知夫君能如黔娄妻者，有几人欤？娶妇当娶黔娄妻。"而唐代诗人元稹在悼念发妻的《遣悲怀》诗中写道："谢公最小偏怜女，自嫁黔娄百事乖。"他把自己比作黔娄，把妻子视作黔娄妻施良娣。黔娄死后，被安葬在家乡齐国都城临淄的西边（今临淄区凤凰镇北金召村的东南），至今墓地仍在。

听导游介绍，清嘉庆年间，千佛山黔娄洞内尚有黔娄子坐像，白须方巾，文士打扮，看上去有些不伦不类。黔娄本是战国人，却是一身宋元后的打扮，如时任山东提学的黄铖在千佛山游记中所记录的，"过黔娄洞，白须方巾，如世之土地神者，余戏为我辈祖师，同人皆绝倒"。后来此坐像遭到毁坏。1980年，黔娄洞重新进行整修，在洞内迎门石壁上嵌一碑。洞窟类似居室，三折之后呈长方形，为人工开凿，面积约20平方米，高约2米。洞内温湿，水珠滴落，击石有声，恍若音符，上下跃动，使得洞穴更显幽深和清静。在了解黔娄高风亮节的事迹后，再去近观黔娄的塑像——端坐庄重、若有所思，不禁让人由衷地敬畏和赞叹。

走出幽暗的洞穴，光线形成强烈反差，我恍然顿悟，与其说是黔娄选择历山隐居，不如说是历山以其文化水乳交融之精神魅力吸引他和妻子"安家"——这是儒、道、佛文化的有机融合，也是对舜德名士的永久传诵。

黔娄坐像　周博文/摄

　　自古以来，中国文人名士拥有两大普遍理想：仕途高就和归隐田园。作家周晓枫曾说过，"文人墨客虽向往陶渊明的桃花源，但一步到位的归隐，对他们来说，依然包含壮志未酬的遗憾、未试身手的不甘、气亏神散的委屈和不被赏识的挫败；似乎，只有功成名就之后的归隐，才是气定神闲的归隐，才能跃升为顶级意义的成功"。我们常说，小隐隐陵薮，大隐隐朝市，庙堂与闹市，究竟如何隐居呢？张炜先生在《陶渊明的遗产》中有过进一步的深刻阐述，"从古至今，以各种形式隐匿的伪君子太多，当庙堂内的人受到外面的揭露和攻讦的时候，他们就以'大隐'者自居。当他们失意逃离的时候，就以底层和民间的实践者自居，称之为'小隐'。实际上本质都是一样的，即功利主义和机会主义合而为一"。他继而指出，陶渊明最可贵之处在于他的淳朴与真实，既不大隐也不小隐，他归隐的纯粹性和彻底性决定了他生命的高度和精神的高度。同样的，黔娄隐居历山，既不能轻易视作大隐，也不能盲目说成小隐，他与陶渊明，包括与伯夷、叔齐一样，都是宁折不弯的士子、大地行走的诗人，自有一种捍卫尊严的内在机制——他们常年醒着的尊严昭示尊严与个体、个体与集体之间的关系如何维系，对后人来说，这是生命的警策和心灵的启示，永远不会过时。

因为纯粹，所以不凡；因为尊严，所以永恒。如此看来，黔娄和妻子"安家"的历山（千佛山），也就变得更加神圣和传奇了。

第九章

时光深处的文昌阁

千佛山景区的文昌阁，是每年春天济南桃花开得最早的地方之一。春天来了，文昌阁附近的山桃花开得煞是热闹，从远处眺望，如红雨流云，似白色锦缎，花香四溢，令人沉醉。

说到文昌阁，不得不提镌刻在楹阁柱上常见的一副楹联："天上星辰司福禄，人间运数属文章。"文昌阁属于传统祭祀建筑，为祭祀传说中掌管士人功名禄位之神，为保一方文风昌盛而兴建。千佛山文昌阁门前的楹联是："居历山文昌照耀迎贤士，临北渚昌运通达出英才。"所谓"文昌"，即文昌星，古时认为是主持文运功名的星宿，原来是天上六星总称。《晋书·天文志》中云："文昌六星，在北斗魁前，天之六府也，主集计天道。"元仁宗延祐三年（1316）封梓潼神张亚子为文昌帝君，司文事，主科举考试。文昌帝身边可见两位童子，一个叫天聋，一个叫地哑，以示不能泄漏考试秘密。古代文人都很崇敬"文昌星"，为取得功名、步入仕途，用拜谒文昌君的方式祈求保佑自己的意愿达成。

文昌阁属于道教建筑，或许有人会问："佛教与道教属于不同教派，为什么在千佛山上修建文昌阁？"这一点可用季羡林先生提出的文化"倒流"来解读，即中印之间佛教倒流。这不得不提佛教的文化传播史，佛教从古印度传到中国，我们并没有墨守成规、原封不动地把它保留下来，而是加以改造和提高，以发扬光大，在传播流通过程中形成了许多宗派。他以《续高僧传》卷四之《玄奘传》为例，阐述末伽与菩提的不同，即佛教与道教的不同，宗教是最具有排他性的，但是同时又富于适应性。在这个普遍规律约束之下，佛教与儒教、道教长期展开极其漫长、极其复杂的对抗斗争，同时又想方设法互相接近，以求得共同生存。可以说，对抗过，调和过，最终有机融合，正如季羡林先生的精辟观点："佛教有宏大的思想宝库，又允许信徒们在这一宝库内探讨义理。有探讨义理的自由，才能谈到发展。有了发展，才会有倒流现象……唯其更富于矛盾，给信徒们或非信徒们准备的探讨义理的基础，才更雄厚，对义理发展的可能也就更大。"因此，在千佛山上修建文昌阁，是一种文化融合的象征，亦是代表佛教义理的精神空间。

文昌阁　周博文/摄

千佛山文昌阁原址在历山院南侧，始建于清康熙三十三年（1694），殿内供奉文昌帝君、朱衣和魁星，正中为文昌帝君像，左右魁星侍立。据史料记载："溯自建阁以来，文风蒸蒸日上，凤起蛟腾，科名大振，人才辈出焉。"后来，该阁又分别于咸丰三年（1853）、光绪七年（1881）和光绪十六年（1890），先后由府城官府同人捐款，集腋成裘，鸠工修葺，使其神龛、门窗、殿宇、墙垣、台阶、栅栏、石凳等均焕然一新，并增添朱衣拜台。每到仲春、重阳，经常有文人雅士来访，赏菊咏诗，共话桑麻。此阁一直延续到20世纪60年代，在"文革"期间被毁佚。

文昌阁旧址，在历山院内鲁班祠西南侧，经过一石砌平台，便映入眼帘。台上翠柏垂荫，浓荫笼罩下，设有石几、石凳，供游人休憩和赏景。台上南侧又起平台，台壁卧以券洞，洞上嵌有匾额"文昌阁"。过去的文昌阁矗立于高台之上，三楹出厦，粉墙青瓦，红棕柱，花槅扇，东西各建有一间配房，两侧砌有石阶，拾级而上，院内四季风景怡人，春夏草木滴翠，秋日殿后黄花撒金，整个院落古雅而幽静。现在的文昌阁为2002年重新选址复建而成。全新修建的文昌阁，两进院落，门前有让人仰望的100多个台阶，气势雄伟。

国内文昌阁建筑比较常见，比如，江苏扬州文昌阁、北京颐和园文昌阁、江苏泰州文昌阁、广东晋宁文昌阁、山西霍州文昌阁等。一般来说，文昌阁建筑主体包括文昌阁、文昌楼、文汇阁、魁星楼等。

千佛山文昌阁整个建筑前武后文，隔水（墨池）相望。东配殿供奉有寿星，西配殿供奉有福星，两侧配殿祀朱衣魁星。文昌文静恬适，朱衣点头微笑，魁星持斗执笔。据说，文昌，又名梓潼帝君，相传姓张，名亚子，居蜀七曲山，仕于晋，后战死，唐宋封为英显王，元仁宗延佑三年（1316），再封为"辅文开化文司禄宏仁帝君"。道家称，玉帝命其掌管文昌府及人间功名禄位。朱衣的来历，与宋代大文学家欧阳修有关。欧阳修主持贡院举试，每当阅卷的时候，经常觉得身后有一位红衣人不时点头，凡其点头者，皆为合格文章，故有"文章自古无凭据，惟愿朱衣暗点头"的诗句。而魁星，很多人并不陌生，为我国天文学中二十八星宿之一，道教中尊其为主宰文章兴衰的神，故有"魁星朱笔点状元"之说。由此可见，文昌、朱衣、魁星，都源自我国神话故事中主持文运的神灵，所以旧时多为读书人立庙祭祀。

钟亭

文昌阁坐南朝北，扩为前后两院，成为较大古建筑群。后院建有主殿，左右为展室，两侧是配殿，皆庑殿式。东西展厅分别塑有唐代至清代山东历史上著名的状元和文化名人像，墙壁上绘制有"五魁苑"壁画，东西文化长廊绘有"朝元图"和"状元卷"壁画。配殿北端，见有钟、鼓二亭，为攒尖式，内置钟鼓，暮鼓晨钟，声韵悠扬。越走近越敬畏，主体建筑外，还有诸多配式建筑，钟、鼓亭之间凿以墨池，供文人洗笔砚用；墨池南壁为崖，嵌有三个龙头，水从其口出，铿锵有声。院前北向，随山就势，叠台阶数十米，有牌坊树立，四柱冲天，柱饰以浮雕——龙形图案，其顶为吉祥兽辟邪。从建筑结构上看，福

文昌阁的龙雕

雄伟的文昌阁　周博文/摄

星、运星、寿星——三星同位，钟楼、鼓楼——钟鼓齐鸣，殿、廊、厅、坊，气势恢宏，文气十足。阁前平台有官带城墙护绕，台阶两侧扶手为两条巨大雕刻石龙，龙首均高昂面东，寓意紫气东来，威风凛面。

　　我喜欢文昌阁的幽静。每次去这儿游人都不是很多，从高台上俯瞰城市，顿觉胸臆渐次打开，神清气爽。而不远处的文昌、朱衣、魁星，冥冥之中好像使我得到某种神助——执笔为文十三年，我始终觉得不是自己在创作，而是上天偷偷在我口袋里放入一个叫"才华"的珠宝，让我在有生之年分享出去，手留余香。原来，这位眷顾者就是文曲星。人们对文曲星的拥护，毋宁看作一种精神寄托，让我们鉴照内心，回归自我。其实，这文昌显灵也是有故事的，我是从一位研究生那里听来的。

　　清朝康熙年间，济南府城有一大官人杨氏，家境殷实，妻妾成群，整日过着花天酒地的奢靡生活。儿子杨兴，已二十多岁，受家庭影响，游手好闲，一事无成。与杨兴截然相反的另一位青年，姓汤名兴，家境贫寒，学业有成，精通四书五经，被人称为奇才。辛卯年济南府城举办乡试，话说公子哥杨兴与贫寒子弟汤兴同时去应考，进了考场打开试卷，杨兴如看天书，啥也不会，而汤兴胸有成竹，从容应答。当主考官下来巡视，汤兴正好做完并交卷，主考官扫视试卷，卷面整洁，文章出色，竟爱不释手，心想这举人中榜首解元位置非他莫属。杨兴回到家把考得一塌糊涂的情况告诉了父亲杨氏，杨氏立马准备万两白银四处打点，主考官王氏欲心大动，见汤兴、杨兴只差一字，便改三点水旁为木字旁，这样杨兴被落第成为事实。张榜后引来众人议论，有位屡试不举的老秀才怒发冲冠，打抱不平："杨氏财大气粗，有钱就能使鬼推磨吗？"也有人站出来说："明知杨兴作弊，官官相护，可该怎样拿出证据？"秀才郑义深思熟虑后说："咱们明天去千佛山文昌阁求求文昌帝君，或许就能给我们出出主意！"大家一致同意。在郑义的带领下，秀才们来到文昌阁，摆供品，点上香，烧火纸，一起跪拜。就在火纸将要烧尽时忽起大风，将纸灰吹起，有一未烧尽纸片随风飘荡，秀才们看得入了神，片刻，大家异口同声地说："呀，这是皇上的皇字。"大家受到点化，立即上奏皇上。

　　一次冤案，一场控诉。郑义写好奏章，动身去北京。经过等待，终于传来康熙皇帝的批奏："给你一柄尚方宝剑，查实真况，就地正法。"皇帝派主考官李氏到济南府城进行查实，命乡试主考官王氏拿出这次乡试最好的考卷和最坏的考卷，并叫来杨兴、汤兴现场考问。这一问，作假之人暴露无遗，杨兴一问三不知，汤兴却对答如流。为了谨慎起见，李考官又命两人写了几个字，彻底明白了事情真相。李考官断定主考官欺上瞒下。是可忍，孰不可忍。半月后，考榜重新张贴，乡试第一名解元将杨兴改为汤兴；考榜另一侧，是处决布告，收受贿赂的主考官王氏以及同考官一律杀头，杨氏因贿赂朝廷命官家产全部没收，杨氏与儿子打入大牢，与案件有关的人员也受到相应惩罚。迟来的正义依然是正义，人们纷纷拍手称快，以郑义为首的20多位秀才额手相庆，并义务筹款扩建了千佛山文昌阁，重塑金身。从此，济南府城文风大振，腾蛟起凤，人才辈出。每逢农历二月，很多文人雅士携酒食来文昌阁祭祀，香火旺盛，一派欣欣向荣的景象。

　　站在高处，我任由思绪飞扬。古往今来，有多少名人志士来文昌阁祈求中举？又有多少游客来文昌阁寄托心愿？古时济南的榜棚街、梯云溪、府学文庙等，都是才子登科的必经之路。其中，不乏落榜失意的考生，灰头土脸，一肚子郁闷度过漫漫的不眠之夜：大明湖的蛙声，哑了；船上的灯火，暗了；悬在空中的一轮月亮，意兴阑珊的样子，慵懒得叫人厌烦。夜愈深，心愈沉，他们独独醒着，依稀听到地下传来的水声。索性走出屋子，在街巷里漫不经心地游逛。蒲松龄就曾多次在济南考试落第。据马瑞芳统计，蒲松龄不少于十次到历下贡院参加三年一次的乡试，即举人考试。尽管屡屡受挫，但最大重创当属这一次，蒲松龄形容为"地震"——"康熙七年六月十七日戌刻，地大震。余适客稷下，方与表兄李笃之对烛饮，忽闻有声如雷，自东南来，向西北去。众骇异，不解其故。俄而几案摆簸，酒杯倾覆；屋梁椽柱，错折有声……"令人庆幸的是，他在济南结识了历下名士朱缃，两人相见恨晚，结为知音。后来，在《聊斋志异》编录和传播过程中，朱缃起到了关键性作用。

"我们区区五尺之躯，不知沉淀着多少善良因子。文化是一种感恩，懂得把他们全部唤醒。"正如余秋雨在《何谓文化》中所说，我们懂得了感恩，学会了敬畏，便找到了文化的根，找到了历史的重心，在文昌阁也是如此。

第十章

唐槐亭里闲坐说秦琼

秦琼像

"说秦琼，道秦琼，秦琼故乡是济南。"济南被誉为"门神故里"。

在济南历史文化名人中，秦琼尤其深受大众喜爱和拥护。他是凌烟阁二十四功臣之一，与唐朝大将尉迟敬德同为传统门神。他是仗义、正气、担当的化身，为朋友两肋插刀，路见不平拔刀相助，也是"山东大汉"的首席代言人。"铜打山东六府，马踏黄河两岸，威震山东半边天"，经过《隋唐演义》《兴唐传》《响马传》《秦琼卖马》等评书和小说的传颂，他坐稳民间英雄的精神宝座。

《旧唐书·秦琼传》中记载："叔宝每从太宗征伐，敌中有骁将锐卒，炫耀人马，出入来去者，太宗颇怒之，辄命叔宝往取。叔宝应命，跃马负枪而进，必刺之万众之中，人马辟易。"

秦叔宝乃猛将，震慑八方，奋勇善战，忠孝两全，其故事至今在民间传唱不休。与其说秦叔宝选择了济南这方文化福地，不如说世代济南人深受他堪当大任、英勇无敌的精神影响，在清泉润泽和时光滴灌中融入精神的DNA，化作城市品格和文化精魂。

我国近代启蒙思想家、诗人宋恕在诗句中抒怀："胡国宅犹记，唐家陵久平。二三老农贩，闲坐说秦琼。"在泉城大地上，留存着秦琼的很多足迹，如五龙潭公园里的秦琼祠

济南老四合院如今仍贴门神（秦叔宝和尉迟敬德）

和回马泉，历城区九顶塔的房玄龄与秦琼的画像，千佛山风景区的唐槐亭等。

唐槐亭，我去过很多次，有一次在景区里遇见一群暑假研学的孩子，他们身着统一服装，举着队旗，背着书包和水壶，在亭子里专注地听带队老师讲述秦琼的故事。不知是山上风大还是扩音器传声不好，老师的声音沙哑，这反而更增添了几分神秘感。"秦琼，也叫秦叔宝，是个威猛的骁将，是骁将就离不开马。他当年跟随唐太宗征伐打仗，策马负枪前进，刺杀敌人无数，唐太宗从此更加器重他。他在历城县衙当快捕的时候，有一次手持双铜骑着高头大马追赶盗贼，战马猛一回头，因为用力过猛，马蹄落处现出一眼泉水，后来被济南人取名为'回马泉'。我们今天所在的这个地方，非常有历史价值，这里就是秦琼来千佛山为母亲许愿烧香拴马的地方。他不仅骁勇善战，还忠孝两全，这也是后人敬重他、喜欢他的重要原因。大家说，秦琼厉害不厉害啊？"孩子们齐声回答"厉害"，不时发出一阵阵赞许声，有的同学还做出策马作战的姿态，引人发笑。

回马泉

在一旁静静聆听这位老师的生动讲述，不知不觉，我也入了神，耳畔仿佛响起高头大马的仰天嘶吼声，那是谁在召唤它？又是谁在倾听它？风势渐大，似乎在一一作答。

史书记载，隋朝大业年间（605—618），秦琼在隋将来护儿帐下当一名普通的军卒，因身世不好，地位卑微，几乎无人注意。来护儿拥有远见卓识，赏识秦琼的勇武。当听闻秦琼母亲去世，来护儿亲自派人前往吊唁，军吏们惊异万分，随口问道："士卒死亡及遭丧者多矣，将军未尝降问，独吊叔宝何也？"来护儿答道："此人勇悍，加有志节，必当自取富贵，岂得以卑贱处之？"事实证明，秦琼果然在隋末战乱中脱颖而出。秦琼被誉为"孝母似专诸，交友赛孟尝"。后来，秦琼跟随唐太宗征伐沙场，屡建奇功，因而得到唐太宗器重。

唐代段成式在他的著作《酉阳杂俎》中记载："秦叔宝所乘马，号忽雷驳。常饮以酒，每于月中试，能竖越三领黑毡。及胡国公（秦琼）卒，嘶鸣不食而死。"无论这则传说是否为真，有一点毋庸置疑，那就是秦琼与马拥有不解的情缘。马，是通人性的，很多时候比人要忠诚，要可爱，要义气。秦琼与马朝夕相处，形影不离，带它攀悬崖、过草地、上战场……残月高空，他饮酒长叹，与马儿有说不完的心里话；平日里，他经常骑马去千佛山，习惯性地把坐骑拴在一棵槐树下，到山上寺院为母亲祈福。上香，跪拜，许愿，他的热泪止不住地流。时间久了，后人为了纪念秦琼报母恩，将这棵唐槐称作"秦琼拴马槐"。

今天，我们依然可以在唐槐亭西侧看到这棵"秦琼拴马槐"的唐槐，虽然老

唐槐

态龙钟，但是绿叶如盖，欣欣向荣，枝叶掩映间，落下斑驳的光影，引人遐思。

《山海经》中记载："（历山）其木多槐。"上古时代，千佛山的槐树最盛，现在仅剩下一株唐槐，树高约12米，树围2.5米，冠幅平均17米，树龄达1 300年，是植物界的"老寿星"，2019年成功入选济南"十大树王"荣誉称号。我始终相信树有灵魂，历经千余年风雨洗礼而挺拔葳蕤的老唐槐，究竟见证过多少寺院的兴替变幻，又目睹过多少人事的消亡新生？曾经，唐槐半枯，濒临死亡，后来又有一株幼树奇迹般从空腔中勃然而生，犹如慈母怀抱婴儿，故又称"母抱子槐"。唐槐沉默不语，却在树洞里收藏着很多故事；唐槐涅槃重生，却在大地上从未改变过生长姿态。它的年龄从来不是炫耀的资本，它最看重和最在意的是对大地的歌颂，正如秦琼对母亲的报恩。唐槐、唐怀，"槐"与"怀"同音，意为怀念。试问，成吨的怀念能否抵得住岁月的消解？或许，人们怀念的是大地上流淌不息的一个"情"字——或深或浅，或长或短，最终都会融入精神血脉，化作前行的力量。

目光凝视被岁月洗得发亮的唐槐，我顿然有种热血沸腾的感觉，回望它的前世今生，不禁羞愧难当。它哪里只是一棵大树，分明是随时可以走进的历史现场！据史书记载，唐槐一侧，宋代曾在此建有曾公祠，为了纪念齐州知州、唐宋八大家之一的曾巩，明正统年间祠前曾立碑，对该祠堂做详细的记载。

宋熙宁五年（1072），曾巩赴任齐州太守，虽然工作不到两年时间，但是在整治社会治安、修建利民工程、减轻百姓负担、建设名胜景点等方面做出卓越成绩，深受百姓爱戴。明崇祯六年（1633），《历乘》记载："曾巩庙，千佛山半崖。知齐州事，到处有题咏，多善

唐槐亭　周博文/摄

权，民怀其德，故作庙。"后来，祠堂塑像被毁掉，当地人便将曾公祠误认为秦琼祠。听导游介绍，这座庙里还曾为秦琼塑像供奉，令人非常奇怪的一件事是，这尊塑像一直站不稳，经过一夜便倒了，人们赶忙把它扶起来，再过了一夜，又倒了，反反复复，令人百思不得其解。过了很久，有一位老者解开谜团，他语重心长地说道："秦琼是一代忠臣，他一生扶持唐王李世民，死后也不愿意独占王位！"于是，人们便把秦琼塑像挪开，在庙的正中央位置塑了一座李世民的塑像，从此秦琼的塑像岿然不动，再也没有倒过。虽说这个故事只是传说，但是，秦琼恪尽职守、忠诚侍君，连死后也不忘记自己的职责，实在令人为之动容。

唐槐的记忆，蕴藉一座城市的巨变。1957年，在千佛山寺庙旧址上建起一座古色古香的凉亭，凉亭因一旁的唐槐而得名"唐槐亭"。该亭四面十八柱，宝顶飞檐，造型优美，玲珑剔透，亭立于半山腰上，正对风口，清凉宜人。亭中设有石凳、石几，四周花木萦绕，四季景色各异，是休憩和赏景的好去处。1981年夏天，曾任山东省委书记、中国书法家协会主席的舒同为唐槐亭题写了匾额，如今"唐槐亭"三个遒劲大字依然熠熠生辉，愈发动人。

如果说千佛山上的唐槐亭展示秦琼"柔"的一面，那么五龙潭、芙蓉街、九顶塔等的秦琼形象就展示出其"刚"的一面，惟愈柔，方显其刚，亦柔亦刚，至诚至孝，才更加血肉饱满，令人敬佩和爱戴。据说五龙潭是秦琼的旧居，小时候，经常听老人说秦琼府"一夕化为渊"而成五龙潭的民间故事。元代散曲家张养浩在《复龙祥观施日记》中记载："闻故老言，此唐胡国公秦琼第遗

五龙潭

址，一夕雷雨，溃而为渊。"无独有偶，清朝乾隆年间学者桂馥在《谭西精舍记》中写道："历城西门外唐翼国公故宅，一夕化为渊，即五龙潭也。"1995年，考古工作有了重大发现，伴随秦琼父亲秦爱之墓的发掘，以及《秦爱墓志铭》石碑的发现，证明秦琼家世为"官宦人家"，并非史料上曾记载的"冶铁秦家"，地位卑微；证明秦琼故宅在"历城怀智里"，即今天的经七小纬六路北大槐树庄一带。虽然秦琼府在五龙潭"一夕化为渊"成为神奇的传说，但济南人对秦琼的尊重和爱慕丝毫不减，"历史不就在你叠着我、我叠着你的掌温中流转下来，古迹看得见、看不见的乡土情感，不就在你叮咛我、我叮咛你的口头上结了亲。"秦琼的神勇、忠义，根植于我们的心灵深处。

对济南人来说，最幸福的事情当属去五龙潭公园依然能够寻到"一夕化为渊"的精神痕迹——五龙潭里有秦琼祠，为济南市第一批重点文物保护单位。整座秦琼祠建筑为典型的唐代四合院风格，坐北朝南，分为正殿、东殿和西亭廊，两侧楹联写道："为通百战术，气作万夫雄。"此乃康有为手笔。进入大门，首先闯入眼帘的是一尊高约两米的铜铸三足大鼎，鼎的外围铸有"忠、孝、义、勇、信"五个金光大字，故名"五子鼎"。大门内左侧可见一长约三米、高约两米的整座石碑，石碑上用繁体字镌刻有"旧唐书·秦叔宝传"。东西侧回廊，分别挂有郭沫若书写的"望隆桑梓"和"集英"字样的匾牌。正门楣上悬挂"忠义千秋"四个大字，门柱上的楹联为："黄骠铜锏隋唐业，大义精忠海岱魂。"正对大门内挂有一匾书，为欧阳中石题写的"义薄云天"四个大字。大殿正中供奉秦琼塑像，只见他身披戎装，手持令节，腰插军

秦琼祠

秦琼故宅石碑

配，威严庄重。祠院西南角可见一方石碑，上面镌刻"唐左武卫大将军胡国公秦叔宝之古宅"字样。

正殿壁画浓缩了秦琼刀光剑影的人生，通过初勋建节尉、聚义瓦岗寨、黎阳义救主、归唐事秦府以及高祖赐金瓶、陪葬昭陵等十个重要事件讲述他不为人所熟知的英雄故事。那次去的时候，遇见一对双胞胎男孩，目不转睛地盯着壁画，听父亲给他们讲述秦琼的故事，古灵精怪的眼睛里装满好奇，不时啧啧赞叹，看上去神气极了，或许在他们幼小的心灵中已经播撒下勇敢的种子。

我印象深刻的是，在正对大门外面的影壁上，用高浮雕手法刻画了两匹秦琼的坐骑，栩栩如生，仿佛迎面奔驰而来。一匹马为通俗章回小说中提到的随秦琼驰骋疆场的黄骠马，另一匹马为《酉阳杂俎》中记叙的忽雷驳。济南文史专家荣斌曾赋诗赞美，写得生气淋漓，题黄骠马诗云："奋蹄追风透骨龙，一任壮士横戈行。梨园传唱留佳话，自古良骥伴英雄。"（"透骨龙"为黄骠马别名；"梨园传唱"指戏曲《秦琼卖马》）题忽雷驳诗云："金镫银鞍骋沙场，痛饮醇醪意气昂。悲嘶长随壮士去，留得美名天下扬。"这分明是对人的精神气节的赞颂，因为在骁将眼中，马比自己的生命都重要。

秦琼与马的关系，既是精神鉴照的关系，也是生死相依的关系，氤氲出一种精神光芒——在老百姓心中秦琼是正义的化身，是忠义的精神，不仅是神勇，更是一种信仰。如熊召政先生对传统文化的精辟解读："阅读古今中外的历史，治乱兴亡始终是一条主线。所有历史的转折点，几乎都在这条主线内。在平常时期，我们会体验到道统中人春风化雨的教化力量。但在转折时期，我们则会盼望英雄的出现，他们以自身的仁勇与忠义，呈现出时代特别需要的刚性的力量与挽狂澜于既倒的担当。"挽狂澜于既倒的担当，就是秦琼留给后人最宝贵的精神财富，也是所有华夏儿女血管里流淌的文化基因。这样就不难理解，门神秦琼为何深受很多人爱戴的原因了。

出了市区，在南部山区九顶塔也有秦琼的足迹。九顶塔，约建造于唐代中晚期，此塔造型奇特，精妙绝伦，华美柔和，实为罕见。日本人在编著的《世界美术全集》中给予该塔至高称赞："匠意纵横、构筑奇异，其他无能及。"一句"其他无能及"，字字千钧，道出九顶塔的文物价值和艺术造诣，也可见它的独一无二。关于九顶塔的来历，当地百姓口口相传，说秦琼的老家就在秦家庄，他的母亲是个贤妻良母，从小教育他要为人正直，一言九鼎。后来，为

九顶塔

了纪念母亲，秦琼就修建了这座"九顶塔"。这当然是传说，但反映了人们对孝道的推崇。塔前种有两棵千年古柏，树围在4米以上，树高约15米，一棵树的树叶可做烟吸，另一棵树的树叶可泡茶，因此，当地人又称"烟柏""茶柏"。明万历二十七年（1599）《重修碑记》记载："……有九塔寺在焉，乃唐尉迟德公所造，殿前柏树亦公手植者。"传说这两棵古柏为唐朝开国大将尉迟敬德亲手栽植，而塔庙是由两人共同建造，寓意秦琼一言九鼎的行事风格。凡秦琼在的地方，总会留下传奇。听当地人说，当年有人肆意砍树，第一斧子砍下去，见树根处有血液汩汩流出，砍树人被吓得落荒而逃，从而保住了这两棵树。这是冥冥之中秦琼的揭竿而起、正义护航，还是天意使然？很难说得清楚，但是有一点毋庸置疑，那就是邪不压正，忠义永恒。

从秦琼说开去，是一座城市的历史风云；回到秦琼自身，他亦是传统文化的精神坐标。唐槐亭里，闲话秦琼，听一段历史，念一位仁士，在风的浅吟低唱中把岁月坐稳，任由云卷云舒，世事繁难，内心依然勇敢和澄明。

第十一章

绿色的遥思

佛慧山春日美景

　　辛丑年春，"五一"小长假期间，佛慧山景区生态恢复工程免费向公众开放，着实叫人惊艳了一把，对于在济南生活了35年的我来说，也是一下子就被深深吸引住了，不由得想起西班牙著名诗人加西亚·洛尔迦的《梦游人谣》，"绿啊，我多么爱你这绿色／绿的风，绿的树枝／船在海上／马在山中／影子裹住她的腰／她在露台上做梦／绿的肌肉，绿的头发／还有银子般沁凉的眼／绿啊，我多么爱你这绿色……"绿啊，我多么爱你这绿色，这就是我对佛慧山的最深印象。

　　"绿水青山，就是金山银山。"绿水青山，也是精神底色。对济南来说，泉是灵魂，湖是眼睛，山则是骨骼。如老舍先生在《济南的冬天》里所写："一个老城，有山有水，全在天底下晒着阳光，暖和安适地睡着，只等春风来把它们唤醒，这是不是个理想的境界？小山整把济南围了个圈儿，只有北边缺着点口儿，这一圈小山在冬天特别可爱，好像是把济南放在一个小摇篮里。""可爱"

二字，点睛出城市的风雅，也流露出老舍对这座城市的偏爱。又如徐北文先生在《大舜传》中的一段诗意描述，"12年了，历山依然青翠秀丽，岩高草深，树脂飘香，众鸟流响。舜已长成八尺壮夫，被烟熏火烤的黑黑的脸上，重瞳虽然神光炯炯，然而下颚与上唇已长了尚未挺拔的胡须。他束发簪髻，身穿本色的绤布直裰，背着一只高高的背篓，沉甸甸地装满了物品，左肩挎柘弓，右手执标枪，大步跨上山坡。那只黑灵，拍打着闪亮的乌羽在他头上盘旋飞行。不过黄狗已垂垂老矣，它的皮毛已干枯稀薄，时有秃斑，尾巴不复高卷，双目哆眯无神，但依然竭力紧跟在后。今日清明节，舜是从龙山墟起早赶来，到历山祭扫母坟的"。树林掩映之间，总能寻找到大舜的身影或足迹。

有山有水的城市从来不缺少灵气，这股灵气，于百姓是烟火气，于济南是接地气。且说焕然一新的佛慧山，很多人冲着山之奇而去，收获的却是整个花园。你瞧，圆形广场，名曰"境水映秀"，硕大的圆形水池倒映着佛慧山的轮廓，让人不禁联想到佛山倒影；你瞧，沿着开元广场拾级而上，两侧高大的五角枫，站成了一幅油画，待秋天再来，准会斑斓多彩；你瞧，槐花开得正香，一嘟噜一嘟噜的，身着运动服的年轻人咧着嘴说道，"摘些回去，做成槐花饼，那是妈妈的味道"；你瞧，依山而建的市民服务中心，很生态很绿色，顶层设计成观景平台，站在高处远眺，佛慧山北入口尽收眼底，连名字也充满诗情画意，"云憩自在"，好一个自在！好一个放松！而枫林大道两侧的植被，明显不对称，这是怎么回事呢？逮住一位园林绿化工作人员，对方幽默地回答道："我们是'故意'弄成这样的，为了最大程度保留原生植被，减少人工痕迹。"听到这里，我们同行的几个人大呼："太有心了！"

"生态补山"，让我们更加接近自然，阅读山水，也更愿意全身心探究一座山的奥妙与神奇。

千佛山景区，据说还有一座无比奇幻的坐鳌巨佛。有一位喜欢摄影的人叫李兆海，他经过多年蹲点研究，发现济南千佛山的环山公路酷似一尊盘腿打坐的巨型佛像，整体轮廓和环山盘路构成了这尊佛的轮廓，林间山路则构成佛像身体各个部位的形状，千佛山南面的金鸡岭、佛慧山、平顶山以及东侧的燕子山等，天然形成了一只巨大的鳌，清晰而直观地展现出一道坐鳌巨佛的神奇景观。大自然鬼斧神工的天然雕刻，永远超乎人类的想象力和创造力，坐鳌巨佛景观看似神奇，其实与济南关于历山铁锁的传说故事不无关联。相传，很久以前济南是一条大船，明万历年间，济南知府平康裕在佛慧山巅建一巨柱，像橛形，用铁索把济南这条大船牢牢拴住，这样它才不会漂走。而济南知府放橛子的位置，就是卫星地图上鳌的身子和脚的部分。因此，佛慧山也叫橛子山。颇有意思的是，济南燕山立交桥东侧有一座山叫鳌角山，它的位置恰好就在鳌的脚部。这冥冥之中有哪些呼应和关联？又存在着哪些未知和谜底？有待进一步探索和解答。

其实，千佛山给人类的精神启迪无处不在，无所不有，说来说去，不过是换种方式教给我们看到虚无和空寂，走向正觉和顿悟，如著名作家赵德发先生《乾道坤道》中所指出的："千古圣贤只是治心。"由坐鳌巨佛，我不由得想起日本京都禅林寺永观堂的回头阿弥陀佛那尊像，与我们常见的佛像不同，这尊佛像不做正面，而由左肩回头，向后看去。他为什么如此特立独行呢？我想不明白。后来，才知道这与永观法师有关。永观法师身体羸弱，长年饱尝病痛，因此特别能够体会到因病所苦的众生的感受。于是，他在禅林寺中设立药王院，以汤药济度众生，这样一来，颇有皇家贵族气质的寺院变成底层百姓求药拜佛还愿的寺庙，时间久了，人们习惯以"永观"命名这所寺院。每一尊佛的成道之路都一波三折，血泪相伴，永观法师也是如此。有一天，他在阿弥陀堂上安静念诵，不一会儿就走了神，分了心，这时他看到阿弥陀佛现身，回头对他说："永观，迟矣！"这句话叫人感觉如此亲切，就像下午的两节作文课索然无趣，我打了个盹，被语文老师发现，老师走过来用手指轻轻叩击书桌："醒醒，别睡了！"没有责怪，没有谩骂，而是以悲悯心去接纳，给予你改正的机会。此后，禅林寺围绕这个故事创作了世间唯一一尊回头的阿弥陀佛像，以做纪念。按照常理说，佛已入涅槃，怎能再回头？永观法师一时分心，使得阿弥陀佛在超脱寂灭中动念，又回了头，这既是佛家的有情有义，也是对不完美生命的无上宽容。

这个初夏，行走在千佛山的盘山路上，我心里默念着那句"永观，迟

千佛山绿意葱茏

矣"，不自觉地抬头仰望天空，试图捕捉坐鳌巨佛的婆娑影子，尽管知道两千米高空才有可能望见，仍情不自禁地去寻觅。想想，所有的神秘都蕴含自然的恩典，所有的相遇都是最好的安排。无论是世上独一无二的阿弥陀佛回头像，还是家乡千佛山上的坐鳌巨佛神秘景观，异曲同工之处在于一种包容顾念，一种修行契——让我们重新认识到修行无时不在，或快或慢，或早或迟，皆为功课；让我们彻底领悟到修行种种方式，回头走神是修行，云天坐鳌是修行，甚至是更大的智慧和启迪，供后人慢慢领受和顿悟。

"绿水青山就是金山银山。"我常常想，很多时候，不是人们走向一座山，而是一座山慢慢地进驻到我们的内心世界，成为融入骨血和不可动摇的一部分。

那是庚子深秋，一位每天爬山的老济南告诉我："我散步的时候经常遇到小松鼠，有人拿核桃敲一敲地上的石板路，小松鼠就探头探脑地跑过来，叼走果仁，最多的时候有十几只呢！"是啊，"松鼠之约"，是一座山发出的诗意邀约，何尝不是大自然的"美美与共"呢？自然之美，堪称"大美"，是人与自然的有机融合，亦是人与动物的和谐相处。这样就无形中加深了千佛山的人文底色，如著名作家张炜的独到观点，"让我们还是回到生机盎然的原野上吧，回到绿色中间。那儿或者沉默或者喧哗。但总会有一种久远的强大的旋律，这是在其他地方所听不到的。自然界的大小生命一起参与弹拨一只琴，妙不可言。我相信最终还有一种矫正人心的更为深远的力量潜藏其间，那即是向善的力量。让我们感觉它、搜寻它、依靠它，一辈子也不犹疑"。

每一次登临与眺望，原来也是我们对大自然的共同守护和生命践约，也是从大自然中获取源源不绝的精神力量。在不远的将来，济南地铁路网四通八达，当我坐上地铁4号线换乘9号线时，那一句亲切的报站音"千佛山站到了"，会是何等的自豪！走出地铁站，南望佛山灵境，又是怎样的亦真亦幻！试问，国内有哪座城市城中有山、山城相依？怪不得院士吴良镛评价济南时曾这样说道："独特的自然山水格局，构成这历史城市山、城、湖为一体，别具一格的风貌。"山为骨骼，水系血脉，山水相依，相映成趣，这正是济南的精神DNA所在。

陈继儒在《小窗幽记》中写道："闭门即是深山，读书随处净土。"佛就在心中，修行就在当下，就在柴米油盐、琐碎日常之中。有一则公案，令我过目不忘，"看山是山，看山不是山，看山还是山"。在这茫茫绿海和袅袅禅意中放牧灵魂，我看到的不是山，而是真实的自我；我探问的不是路，而是迷障的心；我歌吟的不是风，而是山水的诗。山水的诗，是自然的歌谣，歌谣里舒展着我的倒影，倒影中重叠着我的心愿，心愿中氤氲着千回百转的路。再远的路，也远不过山，山照出百折不挠的心路，指引着我坚定不移地向前。

下山路上，我想起兴国禅寺大雄宝殿门前两侧的楹联："千山千佛，佛佛道同开觉路；万世万代，代代相传印心灯。"山路之蜿蜒，一步一莲花，法喜充满，光华璀璨，我们随思随喜。那声声梵唱，来自一座山的禅心妙音。不远处，我看到一位老妇，正在锻炼，弓步深蹲，一副旁若无人的样子，连路过的小松鼠也不忍心打扰，踮着脚尖，蹦跳着躲开了。另一位长者，在山林中高声练嗓，近距离辨听，是美声唱法。他一张口，好像整座山瞬间生出千手千足，迎接美的眷顾。片刻工夫，才转身，我发现长者不见了。他的歌声，在山间悠悠回荡，更响彻在人世的须弥山上！

第十二章

甘露泉：生命之甘霖

　　佛慧山也叫大佛山、橛子山。明朝万历年间，济南知府平康裕听一位风水先生说，济南城地势低洼，若是不把它牢牢地拴住，将来会随水漂入大海。于是，知府平康裕在山巅建了一座粗约四五人合抱、高与屋檐相齐的巨大石柱，以将这条船拴住，从远处望去像一座石橛子，老百姓称之为"橛子山"。

　　这山是李攀龙和许邦才的。《乡园忆旧录》中记载："许殿卿邦才故宅，在城中布政使街，路东有瞻泰楼，与李沧溟唱和处；芙蓉泉西，读书楼在焉。"当年，很多文人儒生到佛慧山开元寺读书，少年时代的李攀龙和许邦才结为好友。寺南山崖处有一眼泉子，泉水从岩壁流下，如露珠滚滑，故称"甘露泉"，"盘谷清泉一派长，味甘却似饮天浆。"山泉泠泠，清澈甘甜，怡情治性，他们二人煮香茗，品诗文，对饮切磋，悠哉乐哉。不由得让人想起郑板桥的饮茶之乐："坐小阁上，烹龙凤茶，烧夹剪香，令友人吹笛，作落梅花一弄，真是人间仙境。"李攀龙回忆道："三十年前住此峰，白云流水见相

甘露泉

从。"把日子过成诗，想想都美得不行。

这山也是蒲松龄的。游览佛慧山，山势陡峭，崖石危立，点点黄花，眼前一亮，他不禁抒怀，"山中廊榭依山斜，风日逢秋静且嘉。树色坐恋枫下叶，野香行爱菊垂花"，以至于"来游此地便忘家"。"野香"二字，道出山菊的野性之美，也点染出山的脉脉含情。蒲松龄也是爱菊之人，《聊斋志异》中的"黄英"给人留下深刻的印象：陶姓黄英兄弟俩从南方移居北方，在京城一带推广菊花，帮着士子马子才致富，他们俩却变成了"菊精"。兄弟俩的善良、吃苦、淳朴等美好品质，不正是菊花的真实写照吗？

佛慧山间，还留有季羡林先生的童年足迹。当年，他在新育小学（即后来的三和街小学）读书时，学校组织师生到开元寺游玩。他在作文中写道："从橛山山顶，经过大佛头，走了下来，地势渐低，树木渐多，走到一个山坳里，就是开元寺。这里松柏苍天，柳槐成行，一片浓绿，间以红墙，仿佛在沙漠里走进了一片绿洲。"他对这里的山泉记忆犹新："最难得最引人注目的是一泓泉水，在东面石壁的一个不深的圆洞中。水不是从下面向上涌，而是从上面石缝里向下滴，积之既久，遂成清池，名之曰秋棠池。洞中水池的东面岸上长着一片青苔，栽着数株秋海棠。泉水是上面群山中积存下来的雨水，汇聚在池上，

开元遗韵

一滴一滴地往下滴。泉水甘甜冷冽，冬不结冰。庙里的僧人和络绎不绝的游人，都从泉中取水喝。用此水煮开泡茶，也是茶香水甜，不亚于全国任何名泉。有许多游人是专门为此泉而来开元寺的。我个人很喜欢开元寺这个地方，过去曾多次来过。这一次随全校来游，兴致极高，虽归而兴未尽。"季先生所说的泉水，正是源自"甘露泉"，金、明、清三代甘露泉都被列为济南"七十二名泉"之一。

甘露泉，乃生命之甘霖，精神之琼浆。想想，过去儒生在此读书，品茗，赏泉，畅饮，无不受惠于这眼山泉的润泽。很多文人题咏的题刻，至今还能在寺内南壁上找到，似乎已成为一种历史文化符号。人们不仅汲泉煮茶，还试茶。明代时期，吴兴徐献忠就用甘露泉试茶，并写入《水品》一书中，甘露泉因而又被称作"试水泉"。如清代诗人董芸赋诗吟道："文壁峰高鸟道悬，开元古寺夕阳边。何时自扫风林叶，一试山中甘露泉。"又如明末诗人王象春所赞颂的那样："登高须上大佛头，红树黄花急暮流。佛慧寺旁看题壁，试茶几代有残留。"

原来，最懂茶的还是古人，我最喜欢的"女神"李清照就是品茶高手。当年，她与丈夫赵明诚志趣相投，"赌书泼茶"，羡煞旁人。而他们喝的不是一般的茶，是名贵的小龙凤团茶，用茶模具将茶压制成有龙凤花纹的薄饼，饰以金箔，然后再涂上一层蜂蜜制作而成，曾作为贡品向皇帝进贡。"豆蔻连梢煎熟水，莫分茶。枕上诗书闲处好，门前风景雨来佳。"一边展玩字画，一边品味香茗，这样的生活是多么风雅而快活啊，再多的烦恼也可忽略不计。一茶一菩提，一饮一清凉。最深谙茶道的"男神"当属苏东坡。他种茶、饮茶、品茶、关爱茶农。晨起要喝茶，"睡余沟颊带茶香"，加班时来一杯，"煮茗烧粟宜宵征"，闲暇时煮茗论道，"松风竹炉，提壶相呼"，不可一日无茶，哪怕生病了也要饮，"何须魏帝一丸药，且尽卢仝七碗茶"。真是一个地地道道的茶痴啊！"从来佳茗似佳人"，很多人对他的这个比喻津津乐道。其实，他信奉的茶道是这句，"乳瓯十分满，人世真局促"。宋代人喝茶，喜欢茶汤多沫，洁白如乳，经常用香乳、细乳代替茶汤，"雪沫乳花浮午盏，蓼茸蒿笋试春盘" "磨成不敢付僮仆，自看汤雪生玑珠"，这与现代年轻人爱喝的奶茶中白色的奶沫毫无二致，所以，还是古人风雅。我想，当年那些书生、文人，他们品茶作诗、山间雅集的精神范儿绝不逊色于李清照和苏东坡，因为他们拥有共同的理想追求——自由和洒脱。

山泉飞溅，鸟鸣啁啁，野花繁点，草木静默。人与自然就这样息息相通，心事相连，这是莫大快慰和欢喜，充满了禅心禅悦。哈佛大学教授查尔斯·埃利奥特在《印度教与佛教史纲》中曾专门探讨过宗教与自然的关系，"树木和河流却仍然产生乔达摩所感受的安静与灵思之感，这是一种安定五官也同样是刺激心灵的感化力。佛教在理论上虽然不重视视觉的愉快，但在实际中并不鄙弃美感。有许多记载提到佛陀本人的外貌，还有持久不变对于艺术的爱好，以及同样持久不变对于自然的美好……佛陀的实例说明他感觉风景和气候对

佛慧仙境

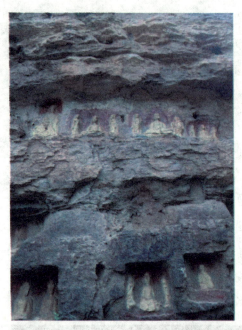

佛慧山佛像

于他当时的奋斗具有重要性，而且他的信徒们至今认为在美丽安宁的环境中，最容易过圣洁的生活"。

如今，游客登临佛慧山，不少人奔着甘露泉而去。与过去相比，甘露泉变化不大，坐落在悬崖下一座半隐形的山洞中，淙淙山泉沿着岩壁流下，落入凹进岩壁的方形池子中。池子长、宽、深为2米，半为天然，半为人工，自然古朴，水清见底。驻足山间，听听那山泉，细嗅野花香，蹲下身来，伸出双手，掬一捧泉水，洗尘，净心，阳光从山顶直泻而下，我顿觉佛光普照，精神明亮。此刻，想起诗人泉子空灵的诗句，"你是龌龊的／你是卑贱的／你是丑陋的／你同样是喜悦的／当你如蝉般蜕下自己／当山水落下大地"。

我多么想成为寺庙里端茶倒水的一个小侍童啊，每天拎着水壶去打泉水，好像每一步都踩着阳光，每一天都过成诗篇，沾着露水的香、泉水的甜，被山间的气流所裹挟，那是多么美好的事情啊！

第十三章

天纵乱云飞，探幽黄石崖

鲁迅先生在《华盖集》题记中曾写道："我知道伟大的人物能洞见三世，观照一切，历大苦恼，尝大欢喜，发大慈悲。但我又知道这必深入山林，坐古树下，静观默想，得天眼通，离人间愈远遥，而知人间也愈深，愈广。"释迦牟尼在菩提树下苦思七日，终于证道，而更多的人到大自然中感悟生命，在与万物对话中心事相通，安顿灵魂。

黄石崖石窟造像图

近几年，伴随景区的不断提升和改造，千佛山自然风景愈加迷人，生机野趣愈加吸引人，山的内涵与气质日益凸显，最具代表性的当属黄石崖石窟造像。一路风光优美，视野豁然开阔，山上植被茂密，苍松翠柏绵延，墨绿浅绿相映，沿线建有12处观景平台和4处廊亭休憩设施，而山腰处裸露出来的石崖，形成了一条天然横列的黄石长廊，因而被附近村民称作"黄石崖"。一个夏日的午后，下过一场雷阵雨，天阴着脸，清风裹挟着花香吹动衣衫，我和几个朋友到访黄石崖，山上的松柏树叶哗哗作响，就像说好了似的一起击掌。猛吸一口气，我顿觉胸腔全部打开，甜润而舒畅，水洗过似的地面，映照出人影儿来。此时此刻，我分不清是我向山走去，还是山向我走来；我说不清是山在动，还是心在动。我不由得想起约翰·缪尔走过夏日山间的感受："啊，山中的岁月广阔，宁静，无穷无尽，让人想立即投入工作，又想安然休息。这样的日子里，万物都一样的神圣，为我们打开无数间目睹上帝的窗户。一个人只要有幸在山中度过这一日，以后纵是劳累疲惫，也绝不会再倒在路旁。无论命运如何，无论长寿还是短命，无论坎坷还是平淡，他都永远富有。"是啊，没有什么比坐拥一座山更美妙的事情了。

　　毫无疑问，先有黄石崖，后有摩崖造像。相传，秦代黄石公在此隐居，又因山石呈黄色，所以就有了黄石崖这个名字。在我眼中，倘若石头是千佛山的骨骼，那么石崖就是千佛山的肋骨，呈"一"字形排列，分布在距山脚500米处的悬崖平台上，似乎串联起一座山的前世今生。这个天然平台，被老济南人称为"天台"。台上壁间，依山就势，构成一个长50米的造像区。造像区域最高处达5米，最低处仅有70厘米，大约开凿于北魏正光四年（523）至东魏兴和二年（540），距今已有1 400多年。千年石刻是珍贵的艺术宝库，也是一座城

黄石怀古

市的历史见证。过去，我读中国宗教史和西方艺术史，知道米开朗琪罗，知道巴黎圣母院，知道云冈石窟，但黄石崖留给我最初的印象，不过是离着我不远但与我无关的省级重点保护文物，是没有情感交集的所在。当我迈入中年的门槛后，确切地说，当我经历过与这座城市的大别离，经历过生死之痛后，重新仰望黄石崖，我第一次看见了他们——造像和石刻背后的那些匠人们，他们来自底层和民间，为了混口饭吃，用力气维持生计，他们就这样把大把大把的时间挥霍进了山崖里。他们一日一日地细细雕刻，挥汗如雨，手上暴起如蚯蚓状的青筋，触目惊心，又颇具美感，那正是艺术的筋肉。长此以往，甚至有些人搭上性命，在浑然不觉中，他们也成了雕刻的一部分。我的发现不啻人们在希腊古城阿波罗神殿上发现认识你自己，不啻苏格拉底与柏拉图对话中发现爱情论。在近乎伟大神迹的旁边，所有语言都是苍白无力的。

央视文化纪录片《如果国宝会说话》中有段旁白："一千五百年过去了，注视过这些佛像的大多数人都成为雕塑的一部分。有人曾经目睹他的袈裟从鲜红变成淡红，也有人见证了他脸上的金箔一片片地脱落。你可能会问我，为什么人们不把这些碎片全部拼接，恢复它完美的样子。因为人们发现，在这些无数的疤痕中见到了一个又一个历史的细节，在这些星辰般的碎片里看到了人类在苦难中前行的脚步。"看到这里，我的鼻腔发酸，心头一颤，有种说不出的伤感和惆怅。

洞窟内有造像32尊，洞外造像68尊，东壁为坐像，西壁为立像，众像背后，雕有圆形头光、舟形身光、火炎背光，饰有卷草图像、梅花如意、二龙戏珠。主窟自西向东，摩崖造像共有五区：一区一排；二区五排，为北魏正光四年，是迄今保存最早的造像；三区，为坐式佛一尊，左右为侍者，上面有五个飞天；四区，佛像上下三排，也镌以飞天造型；五区，佛像一尊，侍者两位。飞天围绕佛像，或飘带曼舞，或裙裾飞扬，或手持乐器，或飞舞盘旋。造像服饰着敷搭双肩袈裟外衣，平直阶梯式衣纹，两肩窄狭，面庞清瘦，露脚赤足，刀法纯熟洗练，艺术造诣不凡，极具北魏艺术风格。

黄石崖造像题记，字体雄健，笔法跳跃，精神飞腾，审美高远，清代杨恩祺曾携友人登山游玩，在《黄石崖一百韵》中对这里的书法技艺赞不绝口："快睹惊奇迹，群观欢异珍。笔姿参篆隶，字意近周秦。朴拙工弥巧，粗疏气更淳。不图今日眼，获见古精神。"一句"古精神"，点睛出黄石崖

黄石崖石窟造像

石窟造像的风雅和气魄。从题记中的敬造、众生、眷属、兄弟、姊妹等词语不难看出，造像者的身份比较复杂，既有皇室贵族，也有地方官吏；既有僧人尼姑，也有平民百姓中的善男信女。其中，题记中的妇女不在少数，而且百姓的生活极为贫困，比如，"大魏孝昌三年七月十日法义兄弟一百余人各抽家财于历山之阴敬造石窟雕刊灵像"，上百余人分别从自己家中凑钱来造像，足以可见当时底层百姓的虔敬心和柔软心。

历经风雨侵蚀，度尽人间劫波，黄石崖有不少佛像头部出现不同程度的损伤或缺失。1995年1月13日夜间，部分镌刻造像的山体自然崩坍。这个时间是否精确，我们不得而知，但是，有一点是毋庸置疑，当下谁会在意一处偏僻山崖的兴衰与荣辱呢？石头也是有生命的，也曾歌唱过，也曾呻吟过，也曾抗争过。当我在山下与朋友谈论千佛山的一些往事时，刹那间仿佛听到了斑驳残损的石头里的哭声或笑声，他们好像要直立行走，重新把黄石崖装扮一番。当我独自坐在一块大石头上沉思时，忽然想到，一百年或一千年以后，生活在这座城市里的人是否还能在我今天的位置，看日出日落，望烟岚浮动，听山风呼啸？当历史和建筑都被吞噬湮没，沦为废墟，这些被凿刻的石头或造像是不是将会成为唯一的见证者？我不敢再多想了，还是老老实实做一个写字者，在稿

第十三章 天纵乱云飞，探幽黄石崖

田地里敲敲打打，涂涂改改，就像那些手持斧凿的匠人们，或许连名字都没有留下，但是他们的手泽和掌温，他们的心事和苦痛，在每一尊造像和每一块石头里温热，在来来往往的游人脚下复活，经过山泉和晚风的浇灌，开出一串串不知名的野花。

"碑在千峰顶，樵人到尚稀。路盘斜径上，天纵乱云飞。"夏日的炙热让阳光静止，拨开崖壁的青苔，邂逅一只蜗牛气定神闲地走过，好像无视这山间的光影，这光影里的墨迹，这墨迹里的万物呼吸。它在山水之间寻找自己的家，正如我们，游山玩水，亦是在宇宙天地之间寻找自己的定位。或许，这就是几千年来文明源远流长的重要意义。

第十四章

千佛山庙会：一座山的喧嚣与静美

千佛山之秋

　　在我的儿时记忆中，过年过节的三大印象，莫过于趵突泉花灯会、千佛山庙会、老济南"兔子王"。爷爷以前给园林部门开车，每逢重阳节，都会带着我去千佛山赶庙会。的确是赶庙会，因为游人摩肩接踵，远看黑压压一片，根本挪不动腿。庙会就是图个热闹，喧嚣声叫卖声此起彼伏，扮玩杂耍叫好声不绝于耳，快书曲艺喝彩声接二连三……迤逦出一座城市的喧嚣与繁华，定格住民俗文化的精彩。

　　旧时，济南城内的庙会有大小十几处，以千佛山和药王庙规模最大、流传最久。千佛山庙会一年两次，分别是三月三庙会和九月九山会，早已成为济南人的固定节日。据载，千佛山庙会兴起于距今700多年前的元代，即元代大德年间（1297—1307），元成宗铁穆耳曾下旨，决定每年农历三月三日和九月九日，在全国各州、县举行祭祀三皇——伏羲氏、燧人氏、神农氏的活动。在此期间，千佛山上寺庙的僧人们举办佛事活动，一时间香烟缭绕，经声佛号不绝，钟磬声声悠扬。每到这一天，城内的达官贵人、府城周边的善男信女都会不约而同前来烧香拜佛，虔诚祷告，祈求神灵护佑。而济南城里的百姓也都会借此游山赏景，进山朝拜者、游山逛景者络绎不绝，客流量巨大。商贩瞅准商机，在进山盘山路上摆摊卖应时的商品或应季的水果，时间久了，这里就形成一道独特的各阶层人士云集的庙会或山会，成为民间约定俗成的重要节庆。

千佛山三月三庙会

当年，山东大鼓著名女艺人郭大妮的告别演出就是在千佛山庙会上。郭大妮创建了明湖居，成为清末民初济南众多书场中最大的曲艺场所，那里环境清幽，座无虚席，热闹非凡。然而，花无百日红，女艺人吃的是青春饭，终究要离开心爱的舞台。郭大妮把

曲艺演出

第十四章 千佛山庙会：一座山的喧嚣与静美

演出场地选在千佛山，也是对父老乡亲和广大观众的深情叩谢。据史料记载，那是清光绪二年（1876）阴历正月二十，郭大妮连续演出三天的消息在城内传开，立马震动了整个济南城，成千上万的梨花大鼓爱好者不约而同地来到庙会上观看她的演出。对老济南人来

今日济南泉城路上白妞说书雕像

说，宁舍一顿饭，不落一场曲艺演出。几年前，有一部热播电视剧《北方有佳人》，再现济南百姓听曲儿的泉水生活场景，剧中王大福的母亲，每天晚上准时与街坊们一起去附近场子听快书，一天不去就好像少点什么。与之相似的一幕，是刘鹗在《老残游记》第二回中写白妞、黑妞演唱山东大鼓的场景，老残"只听得耳边有两个挑担子的说道：'明儿白妞说书，我们可以不必做生意，来听书罢。'又走到街上，听铺子里柜台上有人说道：'前次白妞说书是你告假的，明儿的书，应该是我告假了。'一路行来，街谈巷议，大半都是这话。"底层劳动者请假去听书，那颗高贵而优雅的心，叫人着实感动。因此，郭大妮最后的告别演出可谓盛况空前，一时间成为旧时老济南演艺界的佳话。此后，郭大妮嫁人，不再从艺，大约十年后沦落而死，令人不禁重重的叹息，但是，她留给这座城市的风雅与美好将永远传颂。

三月三，古时又称"上巳节"，因为这一天是农历三月的第一个节日，女巫们要到郊外水边举行消灾除邪的仪式，而平民、士绅则去水边举行"祓禊"，用香草浸泡的水进行沐浴，洗濯去垢以求吉祥如意，这种"祓禊"祭礼源自我国周代。据《济南快览》记载："每年旧历三月廿八至四月廿八，为该山之庙会，士女咸集。"上巳节济南人去千佛山赶庙会的场景，我们可从清代王德容的《历下竹枝词》中窥见："三月清和寒暖间，绿柳城郭顺溪湾。人知上巳宜修禊，不上佛山上药山。"除了千佛山庙会，当时还有药山、马鞍山等

庙会。然而，千佛山庙会之所以久盛不衰，是源自其独特的文化优势和地理优势。自古以来人们就把千佛山视为宗教圣地，儒、道、释三教共居一山，尽管登山者的宗教信仰不同，但这丝毫不会影响善男信女们在春回大地的日子里进山叩拜，尽享春日胜景。如清代诗人王初桐诗云："千佛山头拜佛回，吴将军墓踏青来。不辞细步双趺困，鬼臼赤花春正开。"

如果说三月三千佛山庙会是济南人与春天的约会，"知道游人爱华丽，佛山也是晓妆浓"，喧声盈耳，人美山也美，那么九月九千佛山重阳庙会就是秋天的盛大演出，全城静美，醉倒游人。记得小时候，我跟着爷爷去千佛山逛重阳山会，最怕走丢。我是满心满眼的好奇，这个摊位想买吃的，垂涎欲滴，那个摊位大饱眼福，看杂耍挪不动腿。手里举着一串红彤彤的糖葫芦，大口大口咬着，边走边看，不一会儿肚子就吃得饱饱的，爷爷的脸上乐开了花，"好啊，这庙会真热闹！"他习惯买些山货，像山楂、核桃、小米等，年年去结交一些老伙计，见面倍感亲切，他经常说："山里人实在，种的东西也好，能多买就多买些！"卖茶汤的摊位前排起长队，我在队伍里来回穿梭，双眼盯着别人端着碗哧溜哧溜品尝的场景，不禁口水直流，有些按捺不住的心急。临走时，爷爷总会再买一块大锅饼，大兜小袋装满后拎在手里，很快就勒出一道道红印子，虽然有些累，但心里喜欢着咧！

重阳，亦称"重九"，"九九"与"久久"同音，蕴含生命长久、健康长寿的意思。重阳节最早起源于春秋战国时代，伟大诗人屈原在《远游》中写

千佛山重阳庙会

道："集重阳人帝宫兮，造旬始而观清都。"到了汉代，重阳习俗逐渐在民间流行开来。而济南自古就有重阳节登山赏菊、食菊、饮菊花酒的习俗，至今依然流传不衰。古代文人雅士，往往携菊花酒、拎菊花糕去千佛山登高祈福，如清代诗人朱照在《重阳节同人契酒历山登高诗》中所写："闲招三两友，把酒醉南山。静喜高松下，香偎野菊

佛山赏菊

间。石棱秋有骨，苔点雨留斑。磴道归来晚，空罍挈月还。"野菊花，仿佛写在山野之间的小令，不像公园里的菊展、马路上的盆景之工整，而是毫无人工雕琢的痕迹，呈现出别样美感，这也是人们乐此不疲的缘故。

今天，我们去千佛山逛庙会、赏菊花，循着前人留下的足迹，其中就有国学大师季羡林的童年记忆。6岁那年，他被叔父从老家临清接到济南，住在佛山街，在曹家巷的一家私塾里上了约一年，即今天的"泺苑"(旧时在马跑泉街和大板桥街连接处)，而后7岁的他便到山东省立第一师范学校附属小学读书，9岁时转到南圩子墙下的济南新育小学。他说过，"济南的每一寸土地都会有我的足迹"。在《回忆新育小学》一文中，他写道：

每年到了旧历九月初九日，是所谓重阳节，是登高的好日子。这个节日来源很古，可能已有几千年的历史。济南的重阳节庙会（实际上并没有庙，姑妄随俗称之）是在南圩子门外大片空地上，西边一直到山水沟。每年，进入夏历九月不久，就有从全省一些地方，甚至全国一些地方来的艺人会聚此地，有马戏团、杂技团、地方剧团、变戏法的、练武术的、说山东快书的、玩猴的、耍狗熊的等等，应有尽有。他们各圈地搭席棚围起来，留一出入口，卖门票收钱。规模大小不同，席棚也就有大有小，总数至少有几十座。在夜里有没有"夜深千帐灯"的气派，我没有看到过，不敢瞎说，反正白天看上去，方圆几十里，颇有点动人的气势。再加上临时赶来的，卖米

粉、炸丸子和豆腐脑等的担子，卖花生和糖果的摊子，特别显眼的柿子摊——柿子是南山特产，个大色黄，非常吸引人。这一切混合起来，形成了一种人声嘈杂、歌吹沸天的气势，仿佛能南摇千佛山，北震大明湖，声撼济南城了。

庙会与学校一墙之隔，爱玩是天性，他还提及翻墙看庙会的趣闻，"在十几天的庙会中，我们钻遍了大大小小的棚，对整个庙会一览无余，一文钱也没有掏空。可是，对那些吃食的摊子和担子，则没有法钻空子，只好口流涎水，望望然而去之。虽然不无遗憾，也只能忍气吞声了"。寥寥几笔，勾勒出逛庙会口水直流却身无分文的可爱形象，从季羡林先生那里我分明看到济南孩子的童年往事。

重阳节庙会期间，千佛山上云集全国各地的土特产，最吸引我的是那些民间手艺人，捏面人的、吹糖人的、粘糖葫芦的，还有耍猴的、玩杂技的、唱戏的、拉洋片的、演皮影戏的，鼓乐震天，人声鼎沸，热闹极了。听老济南人说，1949年以后重阳庙会年年举办，赶庙会的人由本地市民扩大到周边群众，

千佛山庙会

千佛山 遥望齐州九点烟

124

庙会正式改名为"千佛山庙会"。1956年秋季，著名文学家沈从文来济南游览千佛山山会，留下美好的记忆：

（千佛山）山路两旁，是各种各样的地摊，还有个马戏团在平坡地进行表演，喇叭嘶嘶懒懒地吹着，声音和三十年前一样！还有玩戏法的，为一件小事磨时间，磨得上百小观众心痒痒的。卖酒的特别多。此外还有卖篮子箩箩等日用品的，可知必有主顾。真正最有主顾的是成串柿子。山路转折处又还有些提大篮子的，篮中作扑鼻香，原来是卖烧鸡的，等待主顾登高饮酒吃用，一定也有主顾。只是作诗的怕已极少。路旁还有好些茶座酒座。学生还排队吹号击鼓来玩，一般都有小龙高大，看样子，还很兴奋！马路一直修到山脚边悬崖处，崖上石佛其实都不怎么好看，欣赏的还是万万千千，更多的是从小路爬上悬崖直到山顶，人在高处和小蚂蚁一样。

这种热闹场景，给人如临其境的感觉。

千佛山无论是三月三庙会，还是重阳节庙会，都让人从中感受到一座山的喧嚣与静美，前者与后者相映成景，又互相照应，在历史深处凝结成五光十色的民间故事。

庙会热闹非凡

第十五章

山中风物记

1

从千佛山北门进入景区，抬头可见山门牌坊，为四柱三楼式建筑，高14.45米，宽15.05米，整个山门气势宏伟，给人以别有洞天之感。山门正中匾额镌刻有"千佛山"三个凹形镏金大字，牌坊雕刻有浮雕图案，次间为荷花，明间是西番莲，雀替为卷草，线条流畅，刀法纯熟，在阳光的映照下金光闪闪；坊脊檐端饰以吻兽，石柱之下有石鼓挟抱，石鼓之上蹲以石狮，鼓下须弥座承托，既牢固，又美观。此山门牌坊始建于1987年，取名"礼敬门"，即"礼敬诸佛"的意思。

站在牌坊北侧，透过坊门向南看去，我们就能望见当年刘鹗在《老残游记》中所描述的秀丽景色，"朝南一望，只见对面千佛山上，梵宇僧楼，与那苍松翠柏，高下相同，红的火红，白的雪白，青的靛青，绿的碧绿，更有那一棵半棵的丹枫夹在里面，好像宋人赵千里的一幅大画，做了一架数十里

千佛山山门牌坊　刘悦琛/摄

长的屏风"。山上景色之美，引人流连忘返。

山中风物，最深受游客欢迎的是弥勒胜苑，抑或是说，弥勒胜苑成为人们来千佛山的争相打卡网红景点之一。弥勒胜苑位于千佛山东麓，过了永乐门，就可看到一尊黄金大佛。整个弥勒胜苑占地37万平方米，由欢喜弥勒佛雕像、石壁浮雕、樱花园以及附属建筑组成。正门的牌坊为四柱三门冲天式，高9.9米，宽12.5米。弥勒佛坐南北向，背依青山，通体高30米，佛高21米，花岗石莲花基座高约9米，整个佛像由铜板焊接而成，大约用去110吨纯铜精制，其体积之大、气势宏伟，被誉为"江北第一大佛"。佛像前后颜额镌刻有"弥勒胜苑""皆大欢喜"字样，坊前辟广场，左右卧石象，周围辅以白色大理石栏杆，弥勒佛身后则为记载弥勒佛传说、生平业绩的浮雕，长达36米，高约3.5米，面积为126平方米。

国内最早的弥勒佛，是根据明州奉化岳林寺布袋和尚的传说塑造而成，他身形胖大，出语无定，随处寝卧，常用杖挑一布袋入市。有人问他是否有法号，他以偈作答："我有一布袋，虚空无挂碍。打开遍十方，八时观自在。"因而称之"布袋和尚"，大腹便便，袒胸露肚，一副玩世不恭的模样，叫人心生欢喜。其实，千佛山的弥勒佛的欢喜也是如此。

我不禁想起我国台湾高雄佛光山宝塔寺也有一座弥勒佛，基座上镌刻有《佛光山菜根谭》一偈："生活因阅读而充实，人生因结缘而助成，生命因喜舍而丰富，心灵因信仰而高贵。"这座弥勒佛是第一届大专青年佛学夏令营的营员们发心铸造的，1971年4月正式落成。最初计划安放在开山纪念碑旁，但阴差阳错落在门口动弹不得，或许这正是上天美意，"笑迎八方客，来此有欢喜；笑送四海宾，离此也欢喜。"可见，一切皆有因缘，弥勒佛与我们一样。

一个人来到佛的面前，往往必有所祈求，或身陷困境而苦恼；一个人不同时期来到佛的面前，其心境也大不相同。从小到大，我不知去过多少趟千佛山，与大佛有过多少次交集，远看、近看、坐观光车看，最刻骨铭心的是在医院10楼病房的高空俯瞰。那是2001年，一场顽疾毫无征兆地降临到我的头上，临近中考，家人让我放弃，我咬牙填报了中考志愿，我咬牙坚持三天笔试，我咬牙又参加了实操考试，英语口语考试像在做梦，化学实验双手肿痛划不着火柴……就这样咬牙到底，为中考画上圆满句号。第二天，我就被父母连扶带拽拖进了山东省中医院住院部。病痛没白没黑地蹂躏着我，如电流通过发生痉挛，我哭哑了嗓子，哭干了泪水。透过10楼病房宽敞的窗户，我远远地望见千佛山公园那座巨大的弥勒佛，金光闪闪，俯瞰人间众生疾苦。好几次，映着灿烂的晚霞，大佛好像披上了一袭锦衣，煞是好看。我喃喃地祈祷："我的双腿就这样废了吗？我还能去看大佛吗？"

待我大病初愈，专程来到弥勒佛面前，我突然觉得，自己是来还愿的。仰

千佛山宁静的世界　侯贺良/摄

望大佛，只觉目光发烫，内心澄澈，有种想流泪的激动感，顿觉生命的卑微、肉身的艰难。而那一副被无数人读之念之诵之抄之的对联，"大肚能容，容天下难容之事；开口常笑，笑世间可笑之人"，在峨眉山、南华寺、潭柘寺、华亭寺也有相似的对联。比如，峨眉山灵岩寺弥勒佛殿两侧的对联是："开口便笑，笑古笑今，凡事付之一笑；大肚能容，容天容地，于人何所不容。"除了让我们开怀一笑，还有没有其他深意呢？

后来，走上文学创作道路，我慢慢憬悟——很多时候，不是我来到佛前，而是佛本身就在我的心底。弥勒佛如一面偌大明镜，照见人们的心性，启发我

们要放下，随心随缘，才能开心畅怀。偶然翻书看到，有一个和尚住茅棚的时候写了一副对联："万里晴天开口笑，三间白屋竖拳头。"像弥勒佛一样哈哈大笑，就是我们喜欢的一个咧嘴笑、大肚子的和尚，悟了道，什么都空掉，什么都喜欢。三间白屋，是指三间空空洞洞的白屋，自己在那里海阔天空——这样的欢喜心叫人羡慕。可是，怎样才能做到呢？

这个抵达过程，至少需要三重境界。

首先，直面苦难，肉身觉醒。每个人来到世上，皆有因缘，我们与肉身的相认也是自我的认识。疫情期间我通过手机云游敦煌莫高窟，石窟二七五窟北壁的壁画，其中四则出自印度《本生经》：第一则是"毗楞竭梨王"，他为求佛法，允许在自己肉身上钉钉子；第二则是"月光王"为了完成肉身布施，在累世劫难中舍去一千次的头；第三则是用肉身油脂"燃千灯"求佛法；第四则是人们熟悉的尸毗王"割肉喂鹰"。其中有两个画面记忆犹新，左侧是尸毗王端坐，让侍者在腿上割肉，右侧是侍者手持天秤，尸毗王和鸽子各在一端，画面上方的飞天，在空中撒下鲜花。经文最后，鹰显出帝释天原形，问尸毗王："王今舍身，痛彻骨髓，宁有悔不？"尸毗王回答："弗也！""弗也"，同"佛"。由此让我想起抗日战争期间，弘一法师提笔写道："念佛不忘救国，救国必须念佛。佛者，觉也，觉了真理，乃能誓舍身命，牺牲一切，勇猛精进，救护国家。是故救国必须念佛。"想想，将"佛"字拆开，由"人"和"弗"两部分组成，如果说"弗"是存在消失，那么"佛"就是人在消失里的领悟。佛的真谛，正是提醒我们肉身的舍去。最初，我以为修行正是以肉身剧痛为代价，伴随阅历的增加，慢慢有所开悟，其实这是以肉体之痛印证心灵之痛，最终还是要回归心灵。因此，与其四处奔波求佛，不如回到自己内心，佛就是我们的本心，而那些或深或浅或血泪或震动的生命之痛，是我们通向心灵的"回家"之路。就像弥勒佛，过去他也有烦恼，后来他来到天王殿，是舍身度人，把快乐带给天下所有人。

第二重境界，是学会放下。放下容易，放下执着很难，往往要受过很多苦痛，走过很多弯路后方能领悟。很多时候，人们是一边纠结一边放下，在各种舍不得中与自己较劲儿，这怎么看都是一个很拧巴的过程。夜读王维，他与钱起的一段对话触动我心，"我很早就明白，我谁也做不了。我想做个好儿子，却父亲早年去世；不想做个丈夫，却娶了一房妻子；早年也一心隐居村野，却必须养活弟妹；想得一世清名，却被安禄山逼着做了伪官。回头看看，一路都是做违碍心意的事，我哪知道我该做什么呢！"原来，违碍心意的事，才是支撑我们活下去的精神力量——由这种力量推动着向前。就像有位艺术家，父亲突然去世，他说这是艰难的功课，两年后母亲病逝，他说这是更艰难的功课，很久走不出来，靠抑郁症药物维持才能睡觉。他去世界各地旅行，回来后他在日记中写道："父母离世不是最艰难的功课，当有一天我自己离开这个世界，与另一个己身相遇，那是不是最艰难的呢？"所有的艰难，都指向人类终极课题——死亡，所以，放下，是我们一生要做的修行。

第三重境界，是历尽千帆，走向豁达。我在失意时经常想起大文学家苏东坡，概括他的一生，莫过于"问汝平生功业，黄州惠州儋州"。从苏轼到苏东坡，再到苏子瞻，他的命运曲线跌宕起伏，他的生命轨迹复杂多变，然而，他竹杖芒鞋，吟啸徐行，时而"老夫聊发少年狂"，时而"拣尽寒枝不肯栖"，时而"挂杖落手心茫然"，"铿然之声"陪伴左右，是音符，也是月光，是清泉、美酒，也是知音。"莫嫌荦确坡头路，自爱铿然曳杖声"，跨过N个坡头路，蓦然回首，才发现，他已经过尽千帆，走遍大江大河。他还善于自嘲，"多情应笑我，早生华发"，这是他多次被流放后的释然，亦是历经苦难和接触众生后的豁达，"无我相，无人相，无众生相"。俨然，他在世人眼中活成了一束光，那正是弥勒佛的欢喜模样。

那年初春，我国台湾作家蒋勋先生去福州游鼓山涌泉寺。古寺内唐、宋代碑刻极多，游客并不多，涌泉寺大殿殿后供奉有布袋和尚，大肚子，笑眯眯的，身上背着一个布袋，一副街坊邻居寻常百姓日常生活的装扮，非常随和。布袋和尚身旁有一对长联，寓意深刻，颇为有趣，上联为："日日携空布袋，少米无钱，却剩得大肚宽肠，不知众檀越，信心时用何物供养？"下联为："年年坐冷山门，接张待李，总见他欢天喜地，请问这头陀，得意处是什么来由？"俨然，布袋和尚就是弥勒佛的化身。蒋勋重新思考"施与"的意义，"或许重新思考了中土佛教信仰后来为何慢慢疏离了《本生经》，唐宋以后，石窟壁画不太表现舍身故事。割肉毕竟有难度，从悬崖跳下，把肉身喂给老虎，也都有难度。中土佛教信仰回到日常生活，踏实做人，背上一个空布袋，行走于街市，能够'大肚宽肠''欢天喜地'，每天和气待人，在仇恨吵闹咒骂中保持笑眯眯的心情，或许才是最难的修行吧。"可见，那些经常把烧香、打坐、拜佛挂在嘴边的并非真正修行者，修行就在柴米油盐的烟火生活中，施与就在日常小事上。

作家史铁生曾说过，"对付绝境的办法只有过程……只要你最最关心的是目的而不是过程，你无论怎样都得落入绝境。过程的精彩是无法被剥夺的，因为死神也无法将一个精彩的过程，变成不精彩的过程。生命的意义就在于你能创造这过程的美好与精彩，生命的价值就在你能够镇静而又激动地欣赏这过程的美丽与悲壮"。现实中，不是每个人都能抵达三重境界，很多时候我们常常在修行的路上徘徊、彷徨和困惑，这也是一种修行。好在千佛山上的弥勒佛，时刻映照着我们，时刻启发着我们，引人走向智慧的道路，认清自己，忘掉烦恼，拥有欢喜心和豁达心。

2

在山上，随处都有供游人休憩的地方，比如，唐槐亭、赏菊阁、红雨亭、望岱亭等。这些亭阁，就像大自然的一个破折号，给人以顿足休闲的契机，也延伸着建筑美学的留白艺术。

赏菊阁，在千佛山巅东端，1984年新建。二层，歇山飞檐，外带挑台。阴雨日，云雾缭绕。北侧山崖，生有丹枫，秋天，叶子变红，与阁相映成趣。山南侧有赏菊崖，山上山下，红白黄紫各色山菊，无处不有，其中尤以黄色为最，盛开季节，如撒黄金，清风吹来，馨香扑鼻。

望岱亭，在山巅西端，1984年建。六角，重檐宝顶。千佛山为泰岱余脉，泰山为"岱宗",名"望岱",即在此可南望泰山。置身亭内极目远眺,重峦叠嶂,山岚萦绕,蔚为大观。

唐槐亭北侧,有一荷花池,池成自然状,峭石立于岸,矶石卧于波,颇有生机意趣。很多游客在池边小憩、拍照,嗅着荷花香,欣赏鱼儿乐,洗尘又洗心,顿觉精神清爽。其实,人们来这里,多半是游览观音园。听导游说,此园建于1996年,是在1980年11月原建荷花池基础上扩建而成,整体建筑简朴而雅致,围墙为白粉青瓦覆顶,大门为券拱三楼式,池中的荷花、金鲤、水草,无形中平添了几分活力。在园内,有观音塑像19尊,形式多样,造型端庄,惟妙惟肖,有的在池内碧波中矗立,有的在临池石丛内凝视,有的在危岸峭壁间眺望……其中,池中矗立的原为"白衣观音",法相慈祥,亲切近人,高约13米,为园内最大一尊,沿池四周可见多尊变相观音,比如,自在观音、送子观音、渡海观音、善才龙女等。2003年10月,景区内复修观音塑像,将"白衣观音"改为"杨柳观音",塑像为铜质,高9.19米,莲座2.19米,底座3.6米,为上下两层,上层为100平方米,下层为150平方米。底座北部修建一桥,卧水通岸,底座周围桥侧饰有护栏,栏板处镌有浮雕观音故事三十二则;雕像两侧

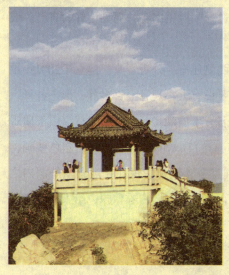

赏菊阁

望岱亭

观音像

植有古树，西边为松树，寓意"长生不老"，东边为椿树，寓意"青春永在"。

观音的故事与传说，在民间流传已久，很多人都并不陌生。左手施无畏印，右手持杨柳枝，杨柳观音的故事我小时候就听老人讲过。

如今，观音菩萨手持杨柳枝的塑像比较常见，"千手观音"的艺术造型也早已深入人心。观音菩萨是圣洁、纯善、悲悯、博爱的化身，她手持杨柳枝净瓶，不过是为了消除众生疾病，护佑天下平安。而"观音"二字，本身也是一种提醒或警策——时刻观照自己的内心，经常擦拭，常常自省，积德行善，拥有柔软心和清净心。

一个人，来到世上过活一生，不过是看看别人，再看看自己。所以，我们都有点化他人的使命，在帮助别人的过程中照见肉身，遇见更好的自己。或许，这正是观音菩萨的最大教诲吧。

值得一说的是，景区内在弥勒胜苑西侧还有一处观音堂，建立于2001年重阳节。观音堂设诸洞内，在很长的展线上设有大小观音一百多尊，形态各异，内容丰富，引人驻足，其中以第十三尊名贵木质观音、第五十三尊汉白玉质观音最为著名。迎门之内通道崖壁上绘有长达118米的"观音传奇"彩色壁画，长卷巨制较为罕见，扑面而来的艺术气息令人精神愉悦。在观音堂外洞内之上，还立有一尊白衣观音像，高达18米，气势恢宏，白衣飘飘，给人以缥缈而虚幻的感觉，引人走向圣洁之道。

第十六章

千佛山下寻秋娘

"妾乘油壁车，郎骑青骢马。何处结同心，西陵松柏下。"杭州西湖畔的名妓苏小小千古流传，妇孺皆知。然而，鲜为人知的是，我们济南也有个"苏小小"，她的名字叫王秋娘。"三月三，踏春忙"，旧时，王秋娘墓地所在的千佛山一带曾是济南人踏青的好去处。

清代诗人董芸的老家在山东平原，当年，他经常往返于平原与济南之间，对济南的人文风情比较熟悉，创作有《广齐音》，也叫《济南杂咏》，在今天看来，这就是"济南好声音"。与其他人的作品不同，他在文章中涉及好多济南的女性，比如娥英、标山烈妇、曾孝女、王秋娘等。据说，王秋娘乃明代济南很有名气的歌妓。其实，王秋娘为"歌妓"的统称，坊间很多歌妓都叫这个名字。

据董芸《王秋娘墓》题记中记载："王秋娘墓在千佛山前，碑尚存。王汝为诗：'断肠碑上小名香'是也。余昔过其地，绿烟迢迢，芳草如羺，落花糁径，群莺乱飞，别具一段撩人春色。诗云：'何处王孙白鼻骢，销魂多似玉钩斜。东风昨夜送春去，踏碎一林红杏花。'千佛山下，车马喧嚷，仕女如云，无奈春已去也，落红满地，正似秋娘香消玉殒，徒生一腔惆怅。"一句"断肠碑上小名香"，透出几抹悲凉，既有身世的况味，也有人生的无奈。凡是歌妓，都有不为人知的悲惨经历，受社会环境的钳制，她们的生活好似在水中泅泳。然而，愈是水深火热，她们骨子里的不屈和精神上的品质愈是倔强地向上疯长，芬芳着这个世界，也撞击着男人们的心房。

不仅董芸，晚清诗人王晓堂、王培荀也留有笔墨。王培荀在《乡园忆旧录》"王秋娘"中记载："王秋娘墓在千佛山下，或云明时人，未知其详。幼时记王大儒一诗载《历城县志》，读之哀艳动人。前半云：'断肠碑上小名香，风雨经年损佩珰。眉缺迥非新月样，花残犹忆旧时妆。'余不尽记……"《历下偶谈》中，王晓堂则描述道："鸣琴踏屧，风韵天然。一时诸名士争慕交观，姬一无留念。惟遇某布衣，即许以终身。惜某屡空不能办，迄后姬卒。某为诗哭之。葬千佛山前，至今犹在。"由此联想，秋娘也有过一场轰轰烈烈的爱情。

王秋娘的身世与苏小小十分相似，母亲为青楼女子，父亲无从探究。父母双亡后，她从外地流落到济南府城，被府城行院虔婆收养为义女，此后成为养母的"发财树"。秋娘天生丽质，可谓绝代佳人，面如白粉，眉似新月，朱唇玉齿，风韵动人，其声名风靡一时，被人们喻为"罗敷"，"到了十四五时，不独色貌绝伦，更有一种妙处，又不曾从师受学，谁知天性聪明，信中吐辞，皆成佳句。"才华，好比上帝偷偷放在她口袋里的珠宝，经过她的苦心研磨，变得熠熠发光，引来无数男人的灼热目光，尤其深受名士们的爱慕。但是，对于那些公子哥、富二代，秋娘没有任何好感，她不流于世俗，不攀高结贵，不轻贱自己，心底有所坚守。

据说，当时济南府城有一阔少，名叫胡伟，长相平庸，却腰缠万贯。一天，他邀请秋娘陪他游览历山，虔婆格外器重他，秋娘很不情愿地答应了。无奈之下秋娘只得跟随胡伟乘车来到历山，只见亭台楼阁，草木葱茏，他们参拜历山院、兴国禅寺，又前往梨花园、樱花园。或许有些疲倦，秋娘在一块岩石旁坐下来，见游客熙熙攘攘，谈笑风生，她满面伤感。这时候，胡伟提议："何不弹奏一曲助助兴？"秋娘应允，把弦一调，伴随手指弹拨，音符上下飞动，时而激昂跃动，时而悠扬婉转，时而低沉阴郁，就像白居易《琵琶行》中所描述，"低眉信手续续弹，说尽心中无限事"。就在胡伟听得入迷之时，传来一阵阵喝彩声，秋娘循声望去，原来是一潇洒男子，眉眼之间才气不凡。胡伟满脸嫉妒地说："原来是小农夫王郎。"

很多时候，爱情的火花就产生在一瞬间。这王郎虽是农夫，但志向远大，秋娘早有耳闻，平日里见惯了逢场作戏的男人，她自然知道什么样的人适合自己，她一眼认定王郎就是自己的白马王子。爱情从天而降，她欣喜若狂，没有油壁车、青骢马，又算得了什么？她不在乎，她在意的是一份靠得住的感情。这次邂逅使她芳心颤动。守着胡伟的面，如何表达爱慕呢？头顶树上的鸟声婉转，她灵机一动，用手帕包裹镯子，向鸟声掷去，胡伟以为她打鸟，就没当回事，然后两人随意闲逛，便回行院。其实，这是暗自传情——王郎将手镯拾起，打开手帕，"王秋娘"三字映入眼帘，他甚喜，又叹息秋娘的命运。手镯投掷，在他心头砸出万千层爱的涟漪，"她既有情，我岂能无意？"按捺不住心情，第二天王郎就凑了些银两，来到行院。丫头通报，秋娘大喜，连忙施礼说道："少爷，请到屋内坐坐。"王郎跟随她来到屋内，近距离打量，秋娘果然不凡，貌似嫦娥。秋娘手镯传情，王郎心领神会，他从衣中取出一把纸扇，向秋娘讨来笔墨，执笔写下"领情"二字，后面署名"王郎"。两人情深意切，谈天论道，很快就私订终身，等王郎攒够银两，就把她娶回家。

或许，世界上从来就没有完美的爱情，只有痴缠相恋的瞬间。自古以来，秋娘和王郎的故事俯拾即是。回去后王郎想通过考取功名来凑够银两，他变卖家产、字画，换了银两进京应试。发榜之日，往往会改写一个人的命运，然而，命运就像一个潘多拉魔盒，有时让人捉摸不透。王郎考中"榜眼"，这时，朝廷大臣借此机会为自己挑选贤婿，王郎被选为相国的贤婿。本是为秋娘而来，最终却背弃秋娘，他的心纠结成一个死疙瘩。王郎被选中贤婿一事在济南府很快传开，胡伟听说后赶忙转告给秋娘，秋娘先是一愣，很快晕厥过去。待醒来后，她喃喃自语道："好一个攀高结贵、背信弃义的无耻之徒，算我瞎了眼睛！"爱而不得，至痛内伤。

半年后，王郎以身体欠佳为由拖延婚期，他心心念念的依然是秋娘。又过了一段时间，他以回家探望老母亲为由，给相爷告假。再次踏上济南府城的故土，他早已不是昔日的王郎，车马喧喧，轰动全城。

济南府城书院派人持束请王郎去讲课，课后宴请款待，莺歌燕舞酒酣，主持安排让王郎住下。他难以入眠，听到院外有女子细语声，起身披衣，出院察看，月光如镜，碎了一地，只见栏边一磐石上，金樽笔砚，笺牍之类皆有，周围坐着四位女子。其中，青衣女郎吟哦："可怜弱质委黄泥，风雨离魂山下迷。仲春棠梨寒食夜，孤坟芳草杜鹃啼。"红衣女郎相继吟诗："获主罗衫血染红，峨眉逐剑化春风。怜侬惟有郊关柳，几树垂丝驿路东。"而绿衣女郎则吟诵："石上结盟不忍忘，黄金却聘为萧郎。柳溪一带清清水，风雨凄凄总断肠。"最后，一着白衣女郎吟道："风流谁道委黄泥，千古芳魂傍月啼。别去王郎须记忆，鸳鸯冢上草萋萋。"话音落下，一位青衣侍女忽然说："婆提娘

时光清幽　周博文 / 摄

子相招。"顷刻，三女郎不见，只留下白衣者。女郎过来鹤桥，向王郎走近，两人对视。王郎问之，对方答曰："妾邻人处女也，昼见郎君，愿托身耳。"王郎诧异，与之同行，来到书院，问起姓氏，对方泣不成声，留下一诗而去："绣春院内王孙留，一曲千斤翠钿酬。人去楼空歌舞散，历山秋月照荒丘。"

　　王郎醒来，原来是做了个梦，他顿觉此梦蹊跷，四位女郎像极了歌女，还提到王郎、历山荒丘，这究竟为哪般？为解其谜，王郎骑马到了历山南侧。这里层峦叠嶂，树木葳蕤。他一路向前，果然寻到四座坟丘，其中一座新坟处，有几个陌生人在那里比比画画。王郎走上前问道："这是谁家坟冢？"对方答道："这些坟冢都是行院的歌女，埋在这荒山野岭，实在可惜了！"另一人附和说："这一新冢是王秋娘，听说情夫攀高结贵，想做大官，并娶了相爷家的小姐，秋娘悲痛欲绝，觉得他不仁不义，一气之下晕倒在床，不到两个月就去世了，可惜啊！"听到这里，王郎如雷轰顶，拨马便回，跑到行院一番求证，果然如陌生人所讲。他泪如雨下，不能自已，返回墓地号啕大哭。几天后，他凑够银两重新厚葬秋娘，特地在墓前立了石碑。从此，秋娘恨别葬历山的故事广为流传，每到清明时节，很多文人来千佛山踏青游玩，会前来凭吊秋娘，留下滚烫的诗行："云鬟缥缈月眉斜，剩有香坟倚晚霞。寒食春风真解事，吹开一树女贞花。"

　　当年，苏小小也爱得轰轰烈烈，爱上那个叫阮郁的"富二代"，后来阮郁被父亲召回，命令其不准与她来往。苏小小很是难过。但是，她很快就走出来了，学会了放下。苏小小重新回到自己的朋友圈，周旋在心仪的文人雅士之间。相比之下，秋娘却深陷其中，宁可干净而利落地死去，也要为自己留下一个美丽的背影。这一点与明末清初女诗人、名妓柳如是极为相似。钱谦益被卷入反清复明案中被捕，柳如是"冒死从行，慷慨首涂，无剌剌可怜之语，余亦赖以自壮焉"。她的赴死并非只是为了殉国，而是要以死之贞烈诠释坦荡无瑕的一生。柳如是的坚强在危难之际给钱谦益极大的鼓舞。后来钱谦益被释放，他作诗云："恸哭临江无壮子，徒行赴难有贤妻。"此"贤妻"，非贤妻良母、贤良淑德，指向的就是家国情怀和不屈意志。王秋娘也是如此，她的毅然离开是一种忠诚表达和深情眷恋，真可谓："真名士多半软骨头，真气节在贩夫走卒。"

"喜欢你是寂静的，仿佛你消失了一样。"秋娘已去，但是，芳魂永驻。

今天，我们在千佛山下寻秋娘，寻的是做人的气节和尊严。傅斯年先生曾分析说过："中国向来臣妾并论，官僚的作风就是姨太太的作风。官僚的人生观：对其主人，揣摩逢迎，谄媚希宠；对于同侪，排挤倾轧，争风吃醋；对于属下，作威作福，无所不用其极。"傅斯年还多次提到一个人，那就是陈寅恪，他评价道："先生的学问，近三百年来一人而已。"陈寅恪晚年耗费10年时间完成的80万字的《柳如是别传》，不是简单的"欲将心事寄闲言"，也绝非卧榻之哀，凡是通读过的人都能感受到，他把个人身世感与历史感杂糅一起，里面内蕴着一种民族大义精神，如他的自述："今上距钱柳作诗时已三百年，典籍多已禁毁亡佚，虽欲详究，恐终多讹脱。若又不及今日为之，则后来之难，或许更甚于今日者，此寅恪所以明知此类著作不能完善，而不得不仍勉力为之也。"

想想，风雨如晦的年代，秋娘不被权势所诱惑，保持独立性格，勇敢追求真爱，那种发自内心的真性情，那种刚烈与情怀，无不令人动容，这恰恰也是对懦弱书生以及封建社会的极大讽刺。往深处说，这是心灵的坚守和美的释放。无论是王秋娘，还是苏小小、柳如是及其他底层女性，都是同样的道理。

余秋雨在《西湖梦》中写道："（苏小小）她不守贞节只守美，直让一个男性的世界围着她无常的喜怒而旋转。最后，重病即将夺走她的生命，她却恬然适然，觉得死于青春华年，倒可给世界留下一个最美的形象。她甚至认为，死神在她十九岁时来访，乃是上天对她的最好成全。"他说的是苏小小，也完全适用在王秋娘身上。秋娘香消玉殒，我始终觉得，她是怀着梦离开的——为了维护心底的贞烈，捍卫爱情的尊严；她心中的泪水，早已流向明湖岸边，滔滔奔流，生生不息。秋娘的梦，也是那个时代的很多女人的梦想。

岁月流逝，四季更替，却阻挡不住文人雅士对苏姑娘的钦佩。"苏小门前花满枝，苏公堤上女当垆"，"苏家弱柳犹含媚，岳墓乔松亦抱忠"，提起苏小小，人们常常把苏东坡、岳飞放在她的后面；"风为裳，水为佩。油壁车，夕相待。冷翠烛，劳光彩。西陵下，风吹雨"，今天，我们去西子湖畔便能怀恋苏小小。但是，我们该去哪里寻觅济南的"苏小小"呢？

感谢诗人董芸，他用笔记录下王秋娘，为我们留下宝贵的史料。当然，我们也应该做些保护工作，不让秋娘的丽影淹没在浩瀚无边的史册中，毕竟她是那个时代的风骨，她是历山脚下的传奇，也是济南文脉的一部分。

第十七章

十八罗汉：人世间的
种种有情

　　行走在千佛山景区，环境幽静，移步见景。身边的朋友喜欢雨后爬山，清爽，空灵，别有一番诗意。两旁的树木密密匝匝，深深呼吸一口，是沁入心脾的清芬，我恍然觉得，这些树木、花草近水楼台，在佛光普照中待久了，也多了几分修持，有种老僧入定的超然。

　　风景是一片心情，也是不同的心境。在观光车上与步行游览，是截然不同的两种视角。坐在观光车上，沿着盘路两侧起伏冲浪，就像在梵音树海中泅泳，风景排成队往后退，游人、苍柏、卧佛、山泉，还有十八罗汉，最先映入眼帘的是降龙罗汉和伏虎罗汉，再是智慧罗汉和阿氏多罗汉，后面依次是乃戒罗汉和修道罗汉……或怪异，或夸张，或怒目而视，或笑容可掬，或隆额皑膝，或白头长须，与不远处的卧佛相映成趣，相得益彰，给人以飞驰的美感和静定的智慧。

　　说起十八罗汉，绝对是景区内最惹眼的"网红明星"，凡是来过的游人，

观光车　周博文/摄

几乎没有人不喜欢他们的。曾有一位本地爱好摄影的老先生，为了拍全十八罗汉，长达一个多月"蹲点"千佛山，清晨、午后或傍晚，踩着点去拍摄。罗汉是"阿罗汉"的简称，最早由印度传入我国，有三层解释：首先，罗汉可以帮人消除生命中的所有烦恼；其次，罗汉可以接受天地间人天供养；再者，罗汉可以使人不再受到轮回之苦，即杀戮、应供、无生，是佛陀得道弟子修证最高的果位（指修佛所达到的境界）。简单地说，罗汉者身心六根清净，无明烦恼已断（即杀贼）；已了脱生死，证入涅槃（即无生）；堪受诸人天尊敬供养（即应供）；于寿命未尽前，仍住世间梵行少欲，戒德清净，随缘教化度众。我们常说的"十八罗汉"，具体是指佛教传说中的十八位永住世间、护持正法的阿罗汉，由十六罗汉加二尊者而来。他们都是历史人物，均为释迦牟尼的弟子。十六罗汉主要流行于唐代，至唐宋开始出现十八罗汉；到了宋代，盛行十八罗汉。十八罗汉的出现很可能与我国传统文化中对"十八"这一数字的传统偏好有密切关系。

　　有位文化学者说过，十八罗汉，总能让你找到一个与你模样相像的。当时我只是傻笑，走过而立之年再近观，我才第一次真正看见了他们，也看到了另一个自己！当我看见的瞬间，似乎能够听到他们嘿嘿的笑声，甚至能够感觉到千佛山上的风在他们衣衫里鼓胀，芙蓉街、宽厚里吆喝着的各种小吃在他们鼻头间流动，明府城、百花洲抑扬顿挫的曲艺声在他们心坎上回荡……他们如此天真，如此快活，如此放浪形骸，照出了芸芸众生的受苦与无常。

　　让人欢喜的十八罗汉，令人敬畏

十八罗汉之揭陀罗汉　周博文/摄

的十八罗汉，可爱至极的十八罗汉，背后有一段传奇故事，这是我后来从一位住持那里听来的。古时候，东海边村庄住着一个李员外，家境殷实，良田百亩，均为祖上传下的财富。李员外待人宽厚，谁家有难他都会上前接济，村民有什么烦恼也愿意找他说说，时间久了，他在村民中树立了很高的威信。一天，村里有个叫刘娃的孩子正在坡里放牛，看到来了十八个强盗，要抢他家的粮食，赶忙向李员外通报。李员外心想，强盗抢粮，肯定是没有吃的了。他没有惊动任何人，让家人用十八条大布袋装满粮食，又准备一桌丰盛的饭菜，留下一张纸条："请客人用膳，这里有十八袋粮食，请顺便带走，用完再来。"这一幕场景，恰好被驾着祥云路过的观音看到，她留下随身的童子，童子变身小牛，在李家伺候。第二天，那十八个强盗又来了，见状便大吃一顿。这时小牛跪在地上，说："我过去是寺庙的和尚，偷了李家的蔬菜，李员外发现后没有打骂。师父知道此事后，让我投胎变成小牛，来李家报恩。"强盗们听了，羞愧难当，决定放下屠刀，立地成佛。于是，他们筹资在村外修建一座寺院，当起和尚，请来高僧做他们师父，念经习法，欲修正果。此后，地痞恶棍不敢再来骚扰，唯有老虎不知趣。一天，大家正在修行，忽然听门外老虎吼叫，张牙舞爪，嘎沙鸦巴要把它打死，而纳答密答喇则想先杀一下它的威风，就带它到厨房，盛饭喂它吃。老虎狂的时候打它一巴掌，饿的时候给它饭吃，就

这样纳答密答喇则驯服了老虎，使老虎变得像家犬一般依偎在他的身边，人们称他为"伏虎罗汉"。

十八罗汉之伏虎罗汉　周博文/摄

话说寺院紧靠大海，和尚整日念经，惹恼了东海龙王的儿子小青龙。他不听龙王的劝阻，某天趁和尚吃饭空当溜进寺院藏经楼，偷走经书，以解仇恨。这一幕被

眼快手疾的嘎沙鸦巴看到了，上前与其厮打在一起，十几个回合，不分胜负。嘎沙鸦巴觉得两虎相斗必有一伤，与其硬拼，不如巧取。他从腰里掏出一包药面，往小青龙眼睛撒去，小青龙顿时失明，赶快求饶，直说再也不敢偷经书了。嘎沙鸦巴又从腰里取出另一种药粉，向小青龙的眼睛撒去，很快他就重见了光明，走了再也没来过。后来，人们把嘎沙鸦巴称为降龙罗汉。此后，寺院恢复平静，香客熙熙攘攘，香火日益旺盛。观音知道后认为十八个和尚修成正果，决定超度他们。一天，寺院来了个漂亮的女香客，任由她用长袖如何撩拨十八个和尚，他们都不动心。观音菩萨用拂尘一挥，带他们上西天了。到了西天，佛祖收他们做了身边的罗汉，嘱咐他们，不入涅槃，长住世间，为众生造福田，不久就把他们分派到各地守护佛法，教化众生。

　　道路两旁的十八罗汉，无疑为景区平添诸多生趣和活力，让人容易亲近，在亲近中唤醒觉悟的心和欢喜的心。放眼全国，很多寺庙和景区都有彩塑罗汉，比如，北京碧云寺、成都宝光寺、苏州西圆寺、昆明筇竹寺，还有济南灵岩寺。罗汉不是佛祖，却守护佛法，是正义化身，形象与人很相似，挤眉弄眼、抓耳挠腮、盘腿而坐等，没有正襟危坐，活脱脱就像我们身边的老伙计。我在不同地方看过罗汉，印象深刻的是灵岩寺千佛殿里的罗汉，被梁启超称作"海内第一名塑"。

　　灵岩寺在唐代被称为"域内四绝"，又有"海内四大名刹之首"的盛誉，坐拥济南"第四名胜"的重要地位。灵岩寺有"三绝"，即辟支塔、墓塔林、宋明罗汉像。殿内供奉有40尊彩塑罗汉，或口讲手指，或勇猛，或愠怒，或纵目远眺，或笑容可掬，或侧耳倾听，或闭目沉思，或据理力争，像极了有血有肉、有情有欲

灵岩寺名塑

的凡夫俗子，他们最大的特征就是逼真，其比例尺寸与真人相仿，而且一颦一笑、举手投足都精细传神，"精神超忽，呼之欲活"。走进千佛殿，完全没有展览馆里那种隔着玻璃窗的距离感，仿佛走进清晨的菜市场那种熙攘人群的感觉，烟火漫卷，沾有鱼腥、果香、烧烤气息，和着与小商小贩讨价还价的声音。他们的姿态也是各不相同，有的善跏趺坐，有的结跏趺坐，有的双手抱膝，有的拱手胸前，有的作禅定印，有的曲臂搭手，有的手势翩翩，有的一腿抬起，就像天真而调皮的孩童，逗人可爱。其中，有一尊善跏趺坐，双手作禅定悦，挺胸延颈，双唇紧闭，眉头略颦，极目远视，好像要索求深奥的佛学真理，他的神态使我联想到"禅悦"一词。而罗汉的手帕、衣带、缨穗、袍袖，以及丝质般的袈裟、额头凸起的青筋、手背隆出的血管，给人栩栩如生的感觉，又与他们的神情相映生辉，线条虚实曲折，伴随不同姿态而起伏舞动，看上去更加亲和。著名艺术家刘海粟曾题词："灵岩名塑，天下第一，有血有肉，活灵活现。"哪怕随着时间风化或虫蛀，罗汉像的油彩部分脱落，我们也不愿轻易补修，生怕损坏了浑然一体的真实感和罗汉们的真性情。

这些罗汉不啻国宝级文物，新中国成立后，罗汉像得到多次修复。在1982年的维修过程中，工作人员发现一个秘密，那就是在罗汉彩泥塑像身后发现一堆丝绸制品。他们小心翼翼地拿出这些物品摆放在台面上，原来这是用丝绸仿制的五脏六腑，经过医学家鉴定，基本符合人体解剖学原理，按照1：1制作的丝质内脏，精巧细致，如此工匠技艺，堪称独一无二。怪不得1987年贺敬之参观灵岩寺千佛殿后挥笔写下这样的诗句："传神何妨真画神，神来之笔为写人。灵岩四十罗汉像，个个唤起可谈心。"最近一次是2019年，千年罗汉像相隔37年后迎来大修，针对灰尘覆盖、彩绘起甲、开裂、特殊病害等问题，采用最先进的技术工艺，去除积尘，"修旧如旧"，打个不妥当的比喻，这并非简单地给罗汉们集体洗了个澡，而是在保护文物基础上再现原汁原味的审美艺术，体现出对历史的最大化尊重。就在2021年5月，十位国内顶级文物专家相聚灵岩寺，对维修情况进行现场验收，那场面堪比穿越时空回到过去，罗汉们重新活了过来，或挤眉弄眼，或满脸愉悦，或视若无睹，或见怪不怪，真不知道当专家们一致通过验收的瞬间，他们会做何感想。我们在看罗汉的时候，罗汉也在打量这个人世间。或许，天下罗汉，都煞费苦心地告诉我们一个道理：酸甜苦辣，喜怒哀乐，人生百味，一切尽在不言中；泥塑木胎，血肉之躯，都不能弄丢灵魂。

"聚散与悲欢的一刻，共同雕刻着人类的故事。"我由此想到人类的故事，莫非就是悲欢离合，就是聚散生灭。罗汉就是肉身的供养，线条的腾挪与组合，传递出无法用语言形容的喜怒与哀乐，欲望与渴念，无常与死亡，或者说，是胜于语言的细微沉思与精神审美。种种肉身，便是种种受难姿态，种种人生轨迹。目光对视的那一刻，我的内心起伏不定，想起病中的煎熬度日，想起重生后的泪流满面，想起人世间的种种有情，以这种方式向他们合十敬拜，亦是回到我们自身——即肉身的觉醒。

在千佛山景区内漫无目的地走走、停停、看看，与十八罗汉擦肩而过，或是静静注视，或是相视而过，或是远远打个招呼，都不啻一场心灵对话，让人心灵放空，精神愉悦。我突然觉得，那些身着迷彩服的护林员，那些满脸沟壑的园艺工，那些前来晨练的老年人，他们在和山的休戚与共中幻化成一个个罗汉，叫人倍感亲切。待下山时分，晚霞满天，猛然回头，我惊喜地发现，罗汉们摇头晃脑地沐浴在一片朦胧山色之中，虚虚实实，若隐若现，叫人难以分辨。

第十八章

佛慧山：探幽不尽的自然野性之美

大佛头

对济南人来说，没有爬过大佛头的童年似乎是不完整的。儿时的我非常调皮，经常跟着父亲去爬山，匡山、药山、千佛山、大佛头，长大后才知道，大佛头就是佛慧山。现在，大佛头变身公园，成为千佛山景区的一部分。

佛慧山充满野性之美，连山巅的鸟鸣也是动人的，连山间的野花也会眨眼睛。佛慧山位于千佛山东南隅，走进佛慧山山谷，首先闯入眼帘的是那尊大佛头。因山上雕有巨佛，佛慧山故称"大佛头"。

佛慧山海拔460米，山势陡峭，自然天成，为市区制高点，登临山顶便可把济南尽收眼底。最叫人称绝的就是山阴绝壁上的摩崖巨佛头像——一座依山就悬崖凿刻而成的单体摩崖造像，开凿于北宋景祐二年（1035），高7.8米，宽4米，半身式，结跏趺坐，天庭饱满，下巴丰腴，气宇轩昂，鬼斧神工，雄伟壮观，给人一种崇敬和神圣之感。佛像西侧壁上，存有重修题记，为明万历三十五年（1607）三月。佛像东壁，刻有明代李伯春所题"大慈大悲"四个大字。佛龛外东侧石壁上，有北宋景祐三年（1036）镌刻的方形密檐浮雕塔两座，体态玲珑，风格典雅。严薇青先生在《济南掌故》中介绍过大佛头的由来，据说当年开凿这尊佛像的和尚，为了引起人们的注意，每天上山捡拾柴火，堆放在洞口前，等柴火攒到一人高的时候就一把火点着。火势旺盛，济南城里的百姓看到火苗后，不约而同结队上山来观望，很快山上有大佛头的消息不胫而走，传遍了整个济南城，连周边县市的居民也都知道了，游人络绎不绝，摩肩接踵，凿洞的和尚因此有了一笔可观的香火钱。

关于大佛头，还有两个民间传说。一是相传远古时代的济南，是一艘装满宝藏的大船，人们相信风水，觉得此处低洼，地下多水，城似大船，宝船如果拴不牢固，说不定哪一天就会漂走，于是在山上雕刻了一个大佛头，以此看护宝船。另一则民间传说，是说过去济南经常发生地震，导致生灵涂炭、民不聊生。人们就雕刻了大佛头，祈祷济南远离地震。从那以后，济南果真没有发生过大地震。无论哪种说法，大佛头都有除灾赐福、庇护众生的精神启示。

曾有外地朋友问："为什么只有佛头，没有佛身呢？是不是被人盗走了？"答案是否定的。1953年，济南市考古所修复大佛头的佛龛和月台时，有过一个惊人的发现：在紧挨着月台的西侧山崖边上，靠近佛龛下面不足两米的地方，土质石质非常松软，所见皆为一些片石块石，这就说明此处是不可能雕刻佛像的。由此可以推测，当年工人们很可能是在雕刻完佛头后，挖开下部岩体，却发现石质不行，所以就没再雕刻佛身了。说到这里，不得不提佛慧山的两大"特产"——石灰岩与花岗岩。石灰岩，又称青石，是比较理想的雕刻佛像石材，大佛头就是采用青石雕刻而成，历经千年风雨不受损害，保持表面细腻光滑。相比之下，另一种花岗岩质地不坚硬，不适用于造像刻碑，风吹雨淋容易千疮百孔。可见，佛慧山的石质土质不适合雕刻佛身，这也是佛慧山仅有一尊佛头的重要原因。

纵观济南佛教史，发展最为鼎盛的时期是南北朝，这一时期的统治者们崇奉佛教、大兴寺院，但是，由于寺院经济势力过度膨胀等因素，与当地官府发生争夺劳动力与土地的斗争，矛盾进一步激化和蔓延，导致"灭佛"运动的发生，其中有两次声势浩大的灭佛事件：第一次是北魏太武帝灭佛，当时济南地区尚未纳入北魏版图，因而未曾受到影响；第二次是北周武帝灭佛，济南也未能幸免。到了隋唐时期，佛教再度繁荣，佛慧寺就是在这样的背景下日益繁荣起来的。

山上草木种类繁多，堪称野生植物的后花园，很多晨练或爬山的山友们，在一日一日的到访中早已熟识。我最喜欢秋天的野菊花，恍若随手写在山野之间的小令，不像公园的菊展或是街头的盆景，人工凿迹过重，反而失去美感。自古以来，济南的佛慧山都是赏菊的好去处。《历城县志》中记载："此山峰峦突兀，涧谷萦回，丹树黄花，更宜秋色，有修落帽故事者，无不吟眺于此，故八景标为'佛山赏菊'。"其中"落帽"说的是东晋孟嘉落帽不惊的故事，以此来形容潇洒倜傥的名士风度。涧谷中黄菊遍布、枫叶层染，明人刘敕又将济南八景改为"十六景"，供人们游览，遂把"佛山赏菊"改为"幽涧黄花"，这样一来，一景二名，传为佳话。据说，在旧时，秋天人们争相结伴来佛慧山赏菊、秋游、话桑麻，是一件非常重要的大事，不啻今天很多地方举办的艺术大展，堪称露天菊花大展。明代文人刘敕在《历乘》中记载："城之南大佛山，独冠诸山之上。出廓十里，石径逶迤，攀藤而上，山腰一文昌阁，凭阁舒啸，白云随风，可临可饮。再上，则三仙洞，松萝蒙茸，真非人之境也。曲折行里许，一刹在山回合之间，曰'开元寺'。殿前一甘露泉，在万仞悬崖下，水泠泠作声，且味甘洌。稍上为望湖亭，明湖在指颐间。绝巅一峰，名'文壁'，崭崭势欲插天，巉岩削壁，丹树黄花，最宜秋色。故世修落帽故事，则多登眺于此焉。"

佛慧山观景亭台

佛慧山以佛闻名，山中不乏佛教人文景观，隋代开元寺遗址、宋代修建的大佛头像等，枕卧山野，景色怡然，曾引得很多名人雅士登临游玩，赏泉畅饮，留下充满诗意的足迹。晚清诗人李西堂曾在《同苊臣、寄园游佛慧山途次遇雨》一诗中记载与友人登临佛慧山和欣赏大佛头的难忘场景："我闻佛慧山，奇绝多幽静。就中有吉寺，名擅泉名胜。邀我素心人，两三携手共。"他在另一首诗中也写到雨中景色："看山喜对佛头来，暮雨潇潇不住催。四面寒云烟树晚，一林黄叶寺门开。如斯福地仙何往，到此名心我亦灰。极目烟峦看更好，教人何处著尘埃。"字里行间，充溢着登山游览的愉悦心情。从崖壁间保存至今的唐宋以来的题刻，也能窥见当年人们对佛慧山的青睐，到这里来一场说走就走的旅行，比如，吴拭与友人佛慧山题名：崇宁十年六月，知州事吴拭，同僚属会食佛慧山，饮茶泉上。大观二年三月，知州事梁彦，同游者六人。政和四年三月，知州事蔡居后七人，劝耕于此，饭寺中。政和五年七月，季德修五人，就甘露泉试北苑茶。政和七年二月，张劢九人登览。还有，张劢佛慧山题名：政和二年仲春既望，张劢深道招王勤无逸、张仲纲彦正、杞世享延国、王有方承之、韩思永子长、洪炎玉父、周洵彦直、史安民惠叔，同瞻石龛大佛登览，晚还城中。此外，还有一些残缺不全的碑记或石刻，成为后人难以揭开的谜底。

宋代女词人李清照的父亲李格非也曾登临佛慧山。从现存北宋文人题记中，我们可以找到印证：宋徽宗大观二年（1108）齐州知州梁彦题记，记述当年六人同游佛慧山的美好回忆。同游者的名单中有著名学术明星李格非。此外，清道光年间成书的《济南金石志·卷二·历城石》也可窥见其当年的足迹："大观二年三月八日，左散大夫、知州事梁彦纯之来游，与会者六人：朝请大夫、新差知濮州武安国元礼，朝奉大夫、新差知金州张朴，朝请郎李格非文叔，朝议郎向沈伯武，节度书记李机文渊，录事参军宋昭叔郎。"从以上记载不难看出，"朝请郎李格非文叔"就是李格非，这从侧面反映出佛慧山的知名度和影响力。

一尊佛头，并非特立独行，而是一种护念。我始终觉得，很多残缺的佛像或碑刻，反而愈发动人、亲切，让我感受到生命的饱满。我在不同角度打量过这尊大佛头，甚至将她与四门塔的四方佛做过比较。她仿佛低头沉思，又垂眉敛目，流露出慈祥的笑容，笃定，安详，叫人愿意走近和聆听。我看到每一个注视过她的人的微笑，我知道自己也有了这样的微笑，内心变得柔软而坚定。我静静远望，突然觉得，以佛观人，以人悟佛，最终指向的是同一条漫长道路——去除内心杂念，走向清净空寂。我们面对佛像，关照的是自己的内心。如一本书中所写："佛，像是人的解构。佛，像是人的否定。佛，像是从人修行升华到了放弃作为人的执着。"

佛慧山北侧，有一巨龛，石门落成于1924年，由僧人道然募捐而成，高约9米，中券拱门，额书"大雄宝殿"四个大字，苍劲而浑厚，为清末御史、济南书法家张英麟所书。拾级而上，可抵达山巅，从这里俯瞰一座城，把济南尽收眼底，楼宇鳞次栉比，明湖碧波如镜，远处黄河九曲蜿蜒，"齐烟九点"秀润，可谓大饱眼福，是赏景绝佳位置。

开元遗韵

开元寺遗址

佛慧山崖下深涧内，为开元寺遗址，历史悠久可追溯到隋唐。据《续修历城县志·金石三》记载，寺址后壁，遗有"大隋皇帝"字样的残字，足以证明隋朝年间佛家便涉足于此，弘法传道。唐代开元年间（713—714），又建"佛慧寺"，北宋景祐年间、南宋建炎年间曾重修。明初，济南城内开元寺被官府占用，僧众迁徙居住于此，遂改称为"开元寺"。开元寺三面环山，松柏笼罩，藤萝垂蔓，甚为清幽。开元寺的北壁凿有上下石室多间。旧时，儒生多在此读书，原有正殿五间，东西配殿各三间。石壁西首凿有镇武洞，为清乾隆五十八年（1793）所刻，邻洞下方依山雕有龟像，蛇绕其颈，造型古朴，设计奇特。寺院南、北、东三面，有多尊唐代造像，"文革"时期遭遇破坏。

历经千年的佛慧山，开元寺坍塌，只存有壁上的唐代石佛，或残损不全，或斑驳漫漶。其中，东壁琵琶洞内有一处残缺佛头，佛座下有一池，称为"长生泉"，因长年不涸，清澈甘冽，僧人烹茶为炊。听爬山的老人说，这些石佛背后有一段不为人知的传说故事。清初文学大家王士禛在《香祖笔记》中记载："明太宗攻济南，铁铉出战，候见有群僧助战甚力。迹之，入大佛山琵琶洞中。洞石壁上刻阿罗汉皆汗流浃背，命以铁挝碎其首。像乃唐贞观时刻。"这个故事是说，明代燕王朱棣屡次攻打济南均失败。有一天，一支骁勇无敌由僧人组成的队伍冲到阵前，协助守军杀退燕兵。战罢，僧兵迅速退入南山。朱棣当即派人尾随，只见众多僧兵进入佛慧寺，跟踪人也随之进入寺内。但是，转眼间就不见僧兵的踪迹。这时候他们抬头望去，只见山崖雕镌的众多石佛，个个汗迹斑斑，他们恍然大悟：僧兵即为石佛所变。朱棣听说后勃然大怒，立刻派人把佛像头部击碎凿坏。

这些残损不全的石佛，让我第一次近距离感受到庄严慈悲、宽容大度。这些富有生命的石佛，让我想到吴哥城里的一群特殊"天使"。吴哥人民饱受战争之苦，战争结束后留下的地雷成为一座城的见证，所到之处随处可见因误触地雷断手缺足的残疾乞讨者、孤儿流浪者等，建筑之美与人体残缺形成一种触目惊心又让人深思的精神比照。1999年，舞蹈家林怀民受荷兰外交部跨文化社会心理组织的邀请和委托，来到金边负责战后一些残障孤儿的肢体复健工作。这个组织的负责人在欧洲看过云门的流浪者之歌，他相信一个讲述佛陀故事的东方编舞者，能够胜任儿童复健工作。林怀民在金边一个叫雀普曼的居民区住了三个星期，他带着青年义工整理传统舞蹈，领悟肢体柔软的智慧。这些青年学习结束，分散到内战后的各个村落，在木板搭建的棚子里，每天带领儿童做肢体训练。他们试图让战争中受过惊骇而对人失去信任的孩子，重新接触人，在恐惧里绽放出如莲花一般的微笑，哪怕微笑里充满泪水，也是叫人宽慰的。在大家耐心的引导下，孩子们从彼此害怕、彼此防范、彼此攻击到慢慢地可以让人靠近，愿意让人接近并握住他们的手，抚摸他们的头发，甚至愿意让人在他们耳边低语说悄悄话，紧紧拥抱他们。最终，孩子们的手指、关节、肺腑、心灵彻底放松下来，开始手舞足蹈，咿咿呀呀唱起歌来，无忧无虑地生活。在某种意义上说，林怀民就是一尊佛，与佛慧山琵琶洞那些僧兵异曲同工之处，在于他们的慈悲心和柔软心。有柔软就有慈悲，有慈悲就得慰藉。

让人久久仰望的佛慧山，使人探幽不尽的佛慧山，令人无限回味的佛慧山。从高处，在山里，发现美，寻找美，丝毫不费力气，信手拈来，又惊人心魄，好似一点闪亮的萤火滑过心房，留下幽微的印痕；而那山崖悬壁，给人以粗粝之美，他们既不语也不争，安静得像个熟睡的孩子，却说尽这天地悠悠、世态炎凉，可谓"寓情最觉静可乐，无物始知闲不争"，超脱自然。或许，只有山涧的一些植被，活泼泼的，不守规矩，逦迤出无尽的生趣。

佛慧山就像是一部《金刚经》，经文都在日出日落、万物兴衰、月圆月缺、雕像漫漶中一遍遍低声传唱，现代人的每一次登临都是默念和诵读，每一次发现都是净化和领悟，在山涧清泉的持续轰鸣中，在上上下下的流汗攀爬中，我们遇见更好的自己，看见复杂的肉身和最美的己身。

第十九章

石刻与诗情：寻找
徐北文先生的足迹

一位名士与一座城市的关系，不仅是成就与被成就，很多时候也是精神层面的同频共振。

了解历史文化，追溯泉水文脉，徐北文先生是一座绕不过去的文化宝库，无论是先秦文学考证，唐宋诗词、明清小说研究，还是齐鲁文化、大舜文化、名士文化等领域的研究……他的诗作、楹联、题咏遍及济南各大名胜和景区，他的学识和品格潜移默化影响着后人。过去，我流连于他留给这座城市的墨迹，在大明湖畔，在趵突泉边，在千佛山麓，在泉城街巷；他去世后，我更多地阅读他的著作和散文，《李清照全集评注》被我置于案头，经常翻阅。"在家世亲友的传承的影响下，她的作品仍然散发着泰山学派和东州逸党的精神，她正是一个济南的女儿"，"我国的诗歌'女皇'出生于济南，盖非偶然"，徐北文先生的评说对我影响至深。

徐北文先生

游览千佛山，我们随处可见著名学者徐北文先生的石刻和楹联，其中与大舜相关的石刻最多。一进千佛山北门，就可看见他于1993年7月撰文并书写的《历山颂》，"上古有伟人焉，曰虞舜。史称其耕历山，渔雷泽，陶河滨，孝友仁爱，百姓攸归。帝尧乃以二女妻之，以大位禅让之。大舜兴于畎亩，修齐治平，选贤与能，天下为公。庶民歌之颂之，神之圣之，侈言其为日月之父，众神之主，百姓之祖，若泰西神话之宙斯……"移步换景，举头见舜，诗意盎然，令我记忆深刻的还有他题写的石刻，如《瀛芳园记》《大舜石图园记》等。当然，还有他在舜祠、舜祠神龛、圣裔宗祠、鲁班祠、藕神祠、开元胜境坊等处题写的楹联。徐北文先生对大舜文化深有研究，他在早年出版的《大舜传》一书中反复考证和强调，历山在全国有二十多处，"舜耕历山"，是在山东济南历城县（今天的历下区）。在书中，他多次引用曾巩在齐州任职期间写下的《齐州二堂记》，以佐证。

历山颂

"盖《史记·五帝本纪》谓：舜耕历山，渔雷泽，陶河滨，作什器于寿丘，就时于负夏。郑康成释历山在河东，雷泽在济阴，负夏，卫地。皇甫谧释寿丘在鲁东门之北；河滨，济阴定陶西南陶丘亭是也。以予考之，耕、稼、陶、渔，皆舜之初，宜同时，则其地不宜相远。二家所释雷泽、河滨、寿丘、负夏，皆在鲁卫之间，地相望，则历山不宜独在河东也。《孟子》又谓舜东夷之人，则陶、渔在济阴，作什器在鲁东门，就时在卫，耕历山在齐，皆东方之地，合于《孟子》。按图记，皆谓《禹贡》所称雷首山在河东，妫水出焉。而此山有九号，历山其一号也。予观《虞书》及《五帝纪》，盖舜娶尧之二女乃居妫汭，则耕历山盖不同时，而地亦当异。世之好事者，乃

大舜石图园记

因妫水出于雷首，迁就附益，谓历山为雷首之别号，不考其实矣。由是言之，则图记皆谓齐之南山为历山，舜所耕处，故其城名历城，为信然也。"

在千佛山西麓的舜耕山庄，大石牌坊上刻有先生的手泽，"化兴历山""箫韶韵清"的横额，大堂中有他拟就的《舜裔谱》，舜苑里有他撰书的《大舜圣裔碑》，匾额为"孝亲睦族"，楹联为"雨露湛深，历下田畴青未了；卿云烂漫，虞宫唱和乐长存"。好一个"历下田畴青未了"！不仅点睛出大舜耕稼历山的历史佳话，又跌宕出舜德齐鲁、德泽后世的精神血脉。

除了千佛山，在老城区、广场上、郊野外，都可寻着徐北文先生的诗词文赋、楹联碑刻。他曾在《济

曾巩影壁两侧楹联

南竹枝词》中概括道："才华横溢泉三股，字吐珠玑水一泓。多少诗人生历下，泉城自古是诗城。"在趵突泉重建的娥英祠，殿门两侧书有他写的楹联，"琴瑟友之钟鼓乐，凤凰归兮潇湘吟"；在三圣宫门外两柱上悬挂有他撰文、书法家朱学达书写的楹联，"趵突腾飞，三泉欢唱尧舜禹；中华昌盛，万代长明日月星"。在趵突泉重建的白雪楼，李攀龙的铜像高高矗立，匾额上"大东风雅"，为他所书写，两侧联语也是出自他的手泽，"白雪曲高传异域，泉源上奋汇沧溟"。

在大明湖畔，湖光山色惹人醉，游船画舫徐徐开，北渚亭旧址南侧，济南市园林局建有反映曾巩政绩的高大影壁，影壁两侧镶嵌着北文先生撰写的联语："北渚云飞，泺水历山迎帝子；明湖波净，莲歌渔唱念曾公。"

沿着北渚亭旧址往南走，可见铁公祠，他撰写的《铁公祠重修碑记》中写道，"然坚守封疆，乃官吏守土保民之职责，以死殉职，其德尚矣"。由铁公祠东行，便是感应井，井后影壁上有他撰写的联语，"华泉墨宝留青史，古井清波印月明"。"华泉"，乃是明代前七子之一边贡的雅号，当年的万卷楼化

藕神祠

为灰烬，唯有一方泉池映照古今，多少轮回事，说不完。在重建的藕神祠，采纳了徐北文先生的宝贵建议，将荷花仙子与李清照合二为一，北文先生撰写祠堂楹联："是也非耶，水中仙子荷花影；归去来兮，宋代词宗才女魂。" 在英雄山赤霞广场，会仙阁上悬挂有他的长联："赤霞灿烂，瑶圃桃花映日，千年祝曼寿；青鸟殷勤，玉函锦字凌云，万里报平安。"

在南部山区红叶谷朱老庵旧址，重建义净法师禅堂，徐北文先生书写匾额义净禅堂及联语："西域取经，功同玄奘；中华传灯，情系齐州。"位于章丘的危山公园，齐鲁圣贤画像影壁北面有他的长联："邹子谈天，伏生讲学，危山喜沐齐风鲁雨；岱南育圣，海右兴贤，东土洵称人杰地灵。"

2018年10月，徐北文诗作摩崖石刻在南部山区白云洞景区揭幕，同时，徐北文纪念馆落户济南市图书馆。这是济南历史上首次为当代名士开设的"馆中馆"，展出近五百件徐北文先生的著述、手稿、书法、笔记以及文房四宝、生活用品等，使人们能够近距离和全方位地认识这位济南名士，感受一代学者的

徐北文纪念馆

精神本色和名师风范。如果说诗词、联语是长短不一的诗行，那么碑刻就是斑驳迷离的画作，如诗似画，诗情袅袅，这是徐北文先生留给这座城市的文学之光，何尝不是一个人的精神光谱呢？

徐北文博古通今，涉猎广泛，他的《先秦文学史》，钱钟书曾赞誉道："于古书源流正变，了然胸中。穷而究之，有余师矣。"可以说，他不愧为当代大儒、齐鲁名士。沿着温热的手泽和墨迹，寻找徐北文先生的足迹，亦是感受千年古城的历史文脉和人文泉脉。了解济南历史文化，徐先生是一座绕不开的文化大山。他对大舜的探究，是生命的缘分，也是灵魂的共鸣。他出身于书香门第，成长于教育世家，这为他的读书和成才提供了得天独厚的条件。外祖父王价藩、舅父王亨豫是山东有名的藏书家，父母都是教师，他自幼就爱阅读，沉浸在国学古籍中一发不可收。因此，他经常说："书，与我是很有缘分的。"过去济南的文化市场、旧书店是他常去的地方，他曾回忆道："尤其是曲水亭的小溪两岸，在垂柳披拂下共设有旧书摊铺二十来家，更是士人和学生经常出入的地方，而明湖南岸则有山东省图书馆，来此借书、购书，甚至卖书很方便。于是，明湖沿岸的小吃店也成了知识分子聚会的'沙龙'了。"

读书是爱好，也是家风。他曾分享过两件小事。当年家境窘迫，外祖父节衣缩食买书藏书。一次，遇见一部渴望已久的书，手中尚缺一吊钱，不得已到当铺中解开长衫，把贴身的棉袄脱下来质典，但仅能当予八百文，他只好央求说："我是急需，请摸摸这棉袄还热乎呢。"读来令人感动万分。父亲徐芝房当年在北京读大学时，为了邮购康德的大部头文集不惜卖掉棉被，冬日里宁可挨冻："北京的隆冬是出奇的干冷，他把仅剩的一件棉被叠成窄窄的筒状，再将棉袍脱下并扣上纽扣，又把棉袍套在被筒之外，然后将马褂罩在上面，瑟缩于其中度过漫长的冬夜。"这个故事，成为一段文坛佳话。

父辈的阅读深深影响着徐北文，他不仅爱书、读书、勤勉好学，且养成良好的钻研习惯。自幼父亲要求他读"四书五经"等，先用工笔小楷抄录，再诵读，直至背诵如流，这种"眼到、口到、手到"的训练，伴随他的一生。治

第十九章　石刻与诗情：寻找徐北文先生的足迹

学之道，他完全是边摸索边总结。比如，他崇尚学中有乐，"学海有涯，目录学作舟"，这是读书的门径，多读多写则是他做学问的秘籍。在正谊中学读书时，他经常吃烤地瓜充饥，把买早餐油条豆浆的钱省下来买书。工作后，只要每月一发工资，他便跑书店、逛书市，与书店工作人员很熟络，有时候可以赊欠买书，长此以往，他与售书者结为志同道合的老朋友，很多大小书商经常登门为他推荐一些古书、旧书的好版本，譬如，曲水亭的李子谦、南门友竹山房的吕少周、小布政司街宝丰泰的刘汉卿、集古斋的贡世卿和贡文毓，与他因书结缘，相交甚笃。

书是精神食粮，也是老友知音。当年徐北文被关起来"隔离反省"，地点在济南升平街新民旅馆里，蒙受不白之冤，遭遇轮番审问。他冷静应对，受审查的八个月时间里，他通读了《杜诗详注》《诸子集成》等典籍，完成三十万字的读书札记。后来他被打成"右派"，下放到农场劳动，在这期间，他白天干活，晚上自学，可以说是挤出时间来学习，他阅读了一批植物学、园艺学等方面的书籍。一代人有一代人的命运，对他来说，政治运动是躲不过去的劫难，"文革"前后二十年间，他始终没有放下阅读，在恶劣的环境下，他执笔完成几十万字的《中国诗词格律通论》初稿。这使我不禁想起木心狱中被囚禁时在纸上弹琴，韩美林劳改期间用狗毛绑成笔画画并把画作订成册子，题名为"纳步"，意为"留下艺术的脚步"。他们对

季羡林写给徐北文的信

生命的不放弃、不抛弃，让人心生敬意。书让他因祸得"福"，为他此后的教书育人和学术研究奠定了坚实的基础。

"故乡有人才如先生者，竟无所知，真愧对桑梓矣。"国学大师季羡林先生曾写信这样评价徐北文的文章，这里面既有桑梓的拳拳深情，也有对其学术水平的殷殷赞叹。

位于杆南街39号的住所，见证着他后半生的读书与著述。他把书房命名为"海岱居"，源自他的姓氏和籍贯。先生祖籍泰安，"取名'海岱'者，《禹贡》云，'海岱惟青州'，蔡沈注云，'青州之域，东北至海，西南距岱。岱，泰山也。'……昔年曾请王仲武兄刻了一方图章，文云，'泰山民东海氏'。因为泰安城市是我的出生地，而'东海'又是我姓氏的郡望，所以'海岱'……可以概括我的姓氏和籍贯。"家中门厅，挂有他的一副对联："心仪大山，神游四海；书开万卷，尚友百家。"一字一句，氤氲出读书人的风骨。临终住院期间，他依然手不释卷，还在读宋人笔记《鹤林玉露》，他的最后一部著作《海岱居文存》也是在这个时候定稿的。

徐北文曾在文集中写道："故乡固有情，山水亦有情，亲人固有情，世间亦有情，大至于宇宙万有，小至于一草一木，在有情人的眼里，都是一家眷属。"一个"情"字，由腕底至心底，流转出脉脉情意，如市井的无名泉，澄澈、澎湃、温暖。说到这里，不得不提一段济南文坛佳话。徐北文与孔孚、孙静轩、任远，被人们称作当代"济南四大才子"，他们也是志同道合的老友。"静轩豪放，孔孚热烈，我则是跅驰不羁的人，只有任远却是温良恭俭让。四个人游山逛水，品茗纵谈，因三个人都是外铄，只有一个内敛，我们仍然被目为自由放任的少年气盛的一伙。当年的意气风发，令后人回味不尽。"然而，他对老友的作品没有滥美之辞，而是客观评说，他在任远散文集《山水情》序言中写道："这种文字，味淡而实腴，语质而实雅，所谈看似迂远，实际却读后有益于身心，主要原因就是他对人世间有深厚的情意。"在《学诗怀旧漫录》中又言："虽是散文，其实是朴素平实的语句中蕴涵着执着的情意，这应是饱含着纯诗因子的石璞，只要找到镰头就可以敲击出火花来的。"谈论孔孚诗作时，他也毫不留情，从不避短，"孔孚的以'隐、简、淡、远'为特色的诗虽然很好，但不应代替其他风格。昔苏轼评论其老友黄庭坚云：'鲁直诗文如蝤蛑江珧柱，格韵高绝，（使人）盘餐尽废，然不可多食，多食则发风动气。'虽是味道高绝的食品，多吃偏食会影响健康的。"这种评说，在今天依然难能可贵。

当年"反右"运动中，他们四人中只有任远没有受到牵连，孔孚下放劳动，妻儿生活无着时，任远主动登门慰问，患难与共的友情堪比金石；孔孚去世后，逢年过节，任远骑自行车去登门看望家人。1996年5月，孙静轩从成都返回济南，他们四人相聚于万竹园近侧的观澜阁。观澜阁因《孟子》"观水有术，必观其澜"而得名。受主人邀请，徐北文曾撰写《观澜阁赋》及对联，联语为："清照我师，王苹我友；名流作主，泉苑作宾。"四人相聚，说不完的知心话，孔孚现场挥笔泼墨，在宣纸上写下"老情"二字，得经过多少风雨洗礼和患难与共才能沉淀出情感的本色？才能炼化出生命的真金？谁能想到，这竟然成为最后的重逢，定格济南文坛的绝响，"同经风雨交情见，共赏诗文逸兴遄。莫道吾侪甘伏枥，行看驷马驰神州。"1997年，孔孚先生逝世，徐北文悲痛送别，书有挽联："模山范水，当代诗坛推独步；赏奇析疑，济南绛帐问何人。"2001年，任远先生去世，徐北文含泪送别，笔墨之间，情谊永存，"风雅不朽，文章千古；音容宛在，德泽永存"。2005年的一个冬日，徐北文先生驾鹤西去，桑恒昌先生作诗悼念："你就像你笔下的朝阳/把翠绿给了叶子/把红润给了花朵/把金赤给了谷米/留下全部色彩/带走一身清寂。"这全部色彩，都幻化成了满天云彩，在满城泉水的光芒下大声说着光芒。

"城北徐公美，济南名士多。"回顾徐北文先生的人生，儿时赶上抗日战争爆发，上中学时遭遇政治运动，三十三岁被划为"右派"，又经"大跃进"运石炼铁，下林场植树培苗。几多坎坷，几多坚韧，这一点与大舜的遭遇一样，他们都忍辱负重，从不抱怨，最终成就一番伟大事业。对徐北文先生而言，与其说他把大舜文化的绿色种子根植于千佛山上，毋宁视作舜德早已进驻到他的精神世界，幻化为生命的鲜明底色和文化烙印。

著名作家孙犁在《耕堂劫后十种》后记作诗跋语中写道："诗有魏晋风神，声音清越，余喜而录之。"我想，这句话也适用于徐北文先生。千佛山上，他题写的石刻或楹联，虽然静默不语，却是有生命力的；虽然岿然不动，却也是蕴藉绵长诗意的，跃动着他的诗心和诗情，绵延着他的独立人格，以及其勇往直前、孜孜求索的"北文精神"，和着大舜《南风歌》的旋律，"南风之熏兮，可以解吾民之愠兮；南风之时兮，可以阜吾民之财兮……"与满城的泉水一起跃动，永远鲜活。

第二十章

看山是山，看山不是山

一个人与一座山的相遇是有机缘的，一个人与一座山的重逢也是有因缘的。看山是山，看山不是山，看山还是山，需要阅历加持才能彻底了悟。

我上小学时，每当有外地朋友来济南，习惯性地推荐去趵突泉、大明湖，最后才是千佛山，这个固定排序似乎一直在人们脑海中顽固地矗立着。二十多年过去了，这个刻板印象早已被推翻，济南好玩的地方越来越多，网红打卡景点更是逐年推新，千佛山景区以"雄、秀、奇、峻、险"的独特风景深受游客们青睐。就像一位南方朋友所说："我就是要看看泉水'咕嘟咕嘟'往外冒的济南城，还会藏着怎样的名山胜景。"

我经常说，自己受过的最好的教育，就来自那些大大小小的泉子、那些老街巷。之所以不敢贸然说山，是因为它实在太深邃太神秘太美妙太美丽了，我生怕一说出口，就被它所覆盖，就被它带走。我深信，每一座山里都住着一尊神——杜甫去过的泰山，因"岱宗夫如何？齐鲁青未了"而盛名天下，成为行走的文化名片；李白曾在庐山炼丹修道，"飞流直下三千尺，疑是银河落九天"，至今还在游人心中激荡。相比之下，千佛山既不是海拔最高，也不是名声最响的，却因历史文化厚重而成为古今之人的向往之地。

以前我写千佛山，写的是童年的往事与记忆；庚子盛夏，我一头扎进这座山里，写的是与己身的相遇。那么，都看到了些什么呢？兴国禅寺、弥勒佛、万佛洞、千佛崖、文昌阁、观音院、历山院、佛慧山、黄石崖、卧佛、十八罗汉……是这些，也不仅是这些。还有，历史的倒影，城市的过往，生命的轮回，斑驳的光影，永恒的记忆……我看到了生死无常、自然人性和诗意栖居。

就在我全身心投入一次次与千佛山对谈兴浓时，父亲突然离开了这个世界，我就像一根断线的风筝"轰"的一声坠地。我至今仍像做梦一样，"生死无常"，时常挂在嘴边的四个大字，究竟需要多少阅历打底子才能参透？究竟需要饱蘸多少泪水做药引才能懂得？似乎，它是要用大悲恸大离别方能体悟——死，从来都是生的一部分，死，从来都与生拥有同等地位，很多时候我们不愿承认，不敢面对，是出于害怕失去和充满恐惧，但是，终有一天都会瞬

佛山圣境

间直面。

痛失父爱，使我很长一段时间处于失语的精神恍惚状态。多少个深夜里，我苦苦追问：既然人生就是一场空，为什么我放不下对至亲的眷恋？一文友推荐我读王维，读着读着，我哭了，又笑了。王维与好友裴迪在一起，他喝白开水，裴迪喝酒或喝汤，两人禅语打诨，别有乐趣，后来，裴迪跟哥舒小丹走了，王维孤独终老。我顿悟到——

原来，人生最大的关隘，就是了悟生死；我们总想看清楚，却一直看不明白，甚至读书或阅历越多越容易迷障，这就是执念，后者往往是最大的羁绊。然而，倘若没有了牵绊，没有了烦恼，人又岂不是活得像个塑料人？

天下万僧归于一佛，天下的山，也莫不过一座千佛山。千佛山是时间的博物馆，千佛山也是空间的艺术馆，千佛山还是自然的后花园。我沉湎于那些佛像、造像与石刻，我敬畏于那些匠人的精湛技艺，我惊叹于佛教建筑与自然浑然天成的关系，从中感受到文明的力量和生命的重量。但是，我也在时刻警惕某种文明的捆绑，好像现代人一说起人文古迹和山水风景，就习惯与文明扯上关系，这俨然是文化的盲目和审美的倒置。

常常想起一则故事。盲人尼姑听完晚课，师父对她说："天已经很黑了，你打个灯笼回家吧！"尼姑回答道："我眼睛看不见，打个灯笼有什么用？"师父说："当然有用啊，你是看不见，但是别人看见你手中的灯笼，可以让开你！"尼姑应声道："那我就打上吧。"孰料，半路上她仍和一个陌生人撞了个满怀。尼姑问道："难道你没有看见我手中的灯笼吗？"对方回答："你灯笼里的灯已经灭了啊！"盲人尼姑恍然大悟，原来一切外在的光亮都是靠不住的，一个人需要找到自己本来的光源。

我们每一次爬千佛山，或选择不同的线路，或步行与观光车结合，看到的风景也各不相同。但是，相同的是我们走过的路，待回头看时，早已经成为生命的一部分。我们游览千佛山，登临千佛山，会不自觉地被先入为主的印象所束缚，兴国禅寺就是那个样子，弥勒胜苑周围很多人拍照云云，甚至很多家长是替孩子"背着"作业去走进千佛山，可想而知，回来的作文很难摆脱"流水

账"或"口水席"。很多时候，我们游山玩水，不是征服，不是敬畏，而是重塑自己与自然的关系，继而唤醒被蒙尘被熏染的本心，在融入自然的过程中交付沉重肉身和隐秘心事，看到内心的光和亮；倘若与之背离，就会变成那位盲人尼姑，打着灯笼也会撞到人——当一个人内心失去了光明，再多的外在苛求也是镜中花水中月。

　　我经常回想起那个下午，从千佛山宾馆出来，我与朋友临时起意去了千佛山。景区内游人三三两两，遇见几位背着书包的外国友人迷了路，正在向路人比比画画，操着蹩脚的汉语打听方向；还有一白衣长者，戴白手套，在树林里练功，枝头挂着的收音机不时传来刘兰芳说评书的洪亮嗓音，旁边的鸟儿在地上跳着华尔兹，一点儿不惧怕人的样子。我们在一块石头上闲坐下来，聊山上的建筑，聊大舜的故事，遥想当年山上僧人的传奇经历……不知不觉，夕阳西斜，山上的庙宇和草木仿佛蒙上了一层神奇面纱，美轮美奂，若隐若现，叫人

美轮美奂的千佛山　侯贺良/摄

沉醉。我想起曾经手抄过的约翰·索尔《夏日走过山间》中的一段精彩描述："现在的我们正置身于群山之中，并与之融为了一体，人山合一的境界点燃了我们的激情，使我们全身的每一个神经细胞都在颤抖，每一个毛孔和细胞异常充盈。相对于身边的美景，我们的血肉之躯仿佛已如玻璃般透明，好像已经真正成为这美景不可分割的一部分，与周围的空气、树木、溪流、岩石一起，在阳光中舞动——成为自然的一部分，没有了衰老与年轻的区别，没有了病患和健康的牵挂，唯有永恒。"

这样的时光，一个下午也是永恒。

图书在版编目（CIP）数据

千佛山：遥望齐州九点烟 / 钟倩著. — 济南：济
南出版社, 2021.7
（济南故事 / 杨峰主编）
ISBN 978-7-5488-4723-6

Ⅰ. ①千… Ⅱ. ①钟… Ⅲ. ①山－介绍－济南 Ⅳ.
①K928.3

中国版本图书馆CIP数据核字（2021）第115350号

千佛山：遥望齐州九点烟
QIANFOSHAN: YAOWANG QIZHOU JIUDIANYAN

出 版 人：崔　刚
图书策划：李　岩
责任编辑：李圣红　董慧慧
封面设计：张　金
出版发行：济南出版社
地　　址：济南市市中区二环南路1号　250002
邮　　箱：ozking@qq.com
印 刷 者：三河市同力彩印有限公司
经 销 者：各地新华书店
成品尺寸：170 mm × 230 mm　1/16
印　　张：11.5
字　　数：168千字
印　　数：1—3 000册
出版时间：2021年7月第1版
印刷时间：2024年1月第2次印刷
书　　号：ISBN 978-7-5488-4723-6
定　　价：62.00元